人間通の名言

唸る、励まされる、涙する

GS
幻冬舎新書
735

はじめに

日本より頭の中のほうが広い

これは夏目漱石《そうせき》の『三四郎』に出てくる言葉で、ご存じの方も多いのではないかと思います。

東京帝大に受かった三四郎が、九州から上京する際、汽車の中で教師の広田先生に出会うのですが、車中にも漂う日露戦争の戦勝気分に影響されて三四郎が言います。

「しかしこれからは日本もだんだん発展するでしょう」

すると、広田先生は「亡《ほろ》びるね」と返します。

当然ながら、三四郎には思いもよらない言葉でした。このあと、広田先生はこう言うのです。

「日本より頭の中のほうが広いでしょう」

さらにこのように付け加えます。

「囚《とら》われちゃ駄目だ。いくら日本の為《ため》を思ったって贔屓《ひいき》のひきたおしになる許《ばかり》だ」

このくだりは夏目漱石が自身の思いを吐露《とろ》したものなんですね。人間の英知や想像力をもってすれば、時流に流されず、戦わずして戦争を回避することもできるはずだ、という思いが根底にあるのでしょう。


ロシアとウクライナ、さらには中東の戦火も広がりを見せつつあり、再び「戦争の時代」が言われる昨今にあっては、「頭の中の広さ」は実に貴重な、さすが漱石ならではの言葉だと僕には思われてなりません。

先人たちの名言は、世の中を見据《みす》え思惟《しい》したものや、人間の実態をつまびらかにしたもの、また、いかに生きるべきか、人生とはと洞察したものにあふれています。

様々な人間関係の中で、結局自分を変えていくしかない、と思ったら、是非これらの金言に触れてみてください。きっとあなたが何かに気づく道しるべになると思います。

また、本書は先人の言葉とともに描き出す、人間とは？　の理解をさらに深めていただきたく、拙《つたな》い解説や体験談を織り交ぜながら一言一句を紹介していきました。あなたの生き方のお役に立てていただければ、これほど嬉しいことはありません。

では、楽しんでお読みください。

２０２４年５月６日

近藤勝重

人間通の名言／目次

企画編集 木田明理
DTP 美創

第一部 人間関係の楽しさと難しさ

どんな人と働きたいですか？

対人関係はなるべく少なくする

夏目漱石の『それから』にこんな言葉があります。

到底人間として
生存する為には
人間から
嫌われるという運命に
到着するに違いない

（夏目漱石『それから』）

菊池寛《かん》は次のように言っています。

触らぬ神に祟《たた》りなしというが
それと同じく
触らぬ人に祟りなしである
自分の気持を清浄に保つのには
対人関係を
なるべく少なくするのが
一番よいようだ

（菊池寛「人の世話」）

人が人の中で生きていくとは、何と大変なことだろう、と思わせる言葉ではありますが、対人関係をなるべく少なく、と言われても、実際のところ会社では上司と部下、学校では先生と生徒、家庭では、友達関係では、と避けては通れない人間関係の中で私たちは生きているわけです。

フランスの哲学者ルソーは、こう書いています。

人間のすべての知識のなかで
もっとも有用でありながら
もっとも進んでいないものは
人間に関する知識であるように
私には思われる

（ルソー）

個性も違い、考え方も生き方も違う人間同士がうまくコミュニケーションをとって、お互い日々心晴れやかに過ごすために、先人たちは様々な言葉を遺《のこ》してくれているんでしょうね。

では、まずは職場での具体的な人間関係からです。

正反対の人間とこそ調和する

ある洋服メーカーで、若い社員が「うちの商品は他社に比べて地味すぎる。この際、もっと跳《と》ぼうよ」と奇抜な面白さを狙ったファッションを企画して進言したところ、「奇抜というより奇妙だ」と古参の役員が「社会通念」といった言葉まで口にして相手にしなかったというのです。あり得る話ですよね。

では、経営の神様と呼ばれた松下幸之助氏は、対立する意見についてはどのように言っていたでしょう。

対立大いに結構
正反対大いに結構
これも一つの自然の理《ことわり》ではないか
対立あればこそのわれであり正反対あればこその深味である
妙味である

だから排することに心を労するよりも
これをいかに受け入れ
これといかに調和するかに
心を労したい

（松下幸之助『続・道をひらく』）

新企画とかヒット作を実現するには、提案側は社内の古参派の存在も考えたうえで、企画案がどれだけ今日《こんにち》的で、かつ客観的な視点で立案されたものであるかを印象づける努力を怠《おこた》ってはならないわけです。

松下氏の言葉は、底流に〝人と共に存在している〟という理念が感じ取れますが、受け入れる側が持ちつ持たれつの仲間意識を持つ、と言いますか、同じ目的を持って仕事をしている者同士なんだ、という意識を持たなければならないということですね。職場での人間関係において最も大切なことではないでしょうか。

悲観的に計画し、楽観的に実行する

次は、京セラの創業者、稲盛和夫氏が遺《のこ》した言葉です。ち密さや細かい気配りまで感じさせられます。

「楽観的に構想し
悲観的に計画し
楽観的に実行する」ことが
物事を成就させ
思いを現実に変えるのに
必要なのです

（稲盛和夫『生き方』）

この言葉を知った時、かつて大手製薬メーカーに勤務し、社長になった友人のことを思い出しました。彼が部長時代に面白い話をしていました。

「会社には、頭でいく人間、体でいく人間、心でいく人間、そういう連中が混在していたほうが組織は活発化していいんだ」

どうすればそういう人間が集められるんだろうと僕が聞くと、彼は思いもよらないことを言いました。

「入社試験で上から10人、下から10人採ったらどうだ」

下から、というのは随分楽観的だと僕は笑いましたが、彼は次第に本気になってきました。

「今は何と言ってもチーム力だからね。ともかく人事部と掛け合ってみるよ。選ばれるのが官僚のような人間ばかりじゃ、つまらないよ」

彼は大胆でユニークな発想をする男でしたが、ち密なところを持ち合わせているので、稲盛氏の言葉どおり、計画には反対、横やりなど乗り越えなければならない問題や、ややこしい人間関係と、あらゆることを想定してかかっていたことは想像に難《かた》くありません。そして実現にこぎつけたなら、あとは楽観的に実行する。きっとやり尽くしたからこその楽観だと思います。今、企業業績は上向きだとのこと。彼の思い切った人事への提言が、いい方向へ動いているのかもしれませんね。

まず誠実、次に知性、最後に行動力ある人を

米国で投資の神様と呼ばれ、富のほとんどを慈善活動に費やしているウォーレン・バフェットは、人を雇う時に見るべきは、まず誠実さだと講演やインタビューでたびたび話しています。

二番目が知性、三番目が行動力で、もし誠実さが欠けていれば、知性と行動力はその人自身の足をひっぱることになるだろうと。

確かに頭が切れて行動力もある。しかし誠実でないと言われたら雇う側としては二の足を踏みますし、友人には持ちたくないタイプですよね。

誠実さには、相手を、そして自分自身を重んじる気持ちが内在しています。自分の能力を過信し、心をどこかに置き忘れたようになれば、結局自分で自分を滅ぼしかね

ないというわけですね。

アインシュタインはこのように言っています。

自分自身のことについて
誠実でない人間は
他人から
重んじられる資格はない

（アインシュタイン）


こんな話があります。

ある大手銀行の同期会で話題に上った話です。

A君は地方の支店に勤めています。奥さんと子どもと銀行の寮に住んでいるのですが、日曜日、家族で遊びに行こうとしたら、同じ寮に住む支店長が溝掃除をしていました。

A君は家族を家に帰して、すぐに溝掃除を手伝ったそうですが、同期のみんなにその話をして、「出かけられないよね、だいたい日曜日に溝掃除なんてしないでもらいたいよ」と不満をもらしました。すると、B君がこう言ったそうです。

「今から家族と出かけるところなので手伝えませんが、来週は僕がやりますって言えばよかったのに」

さて、どうでしょう。A君は手伝い優先、B君は遊びを優先、ですが、誠実なのはどちらと聞かれると——これはB君ですよね。A君は遊びに行きたかったのに、手伝わなければ上司の覚えが悪くなるんじゃないか、と手伝い、あとから上司の陰口を言っているわけで、自分に対しても上司に対しても誠実とは言えません。B君の言葉は、家族と一緒に楽しみたいという思いを優先し、来週は僕がやります、と自分にも上司にも誠実に対応しています。

ただ、この上司が、部下が手伝うのは当たり前だろ、と思っているような人物だとB君の誠実さはわからないんですね。

会社組織が大きければ大きいほど、部下は上司、上役の顔色ばかりうかがって、すまじきものは宮仕えと言いながら、自分に誠実に生きていくことをいつしか忘れてしまいます。自分自身に誠実である、ということはどういうことなのか、じっくり考えてみる必要がありそうです。

あなた自身には正直に、他人には優しく

世界的ベストセラー『思考は現実化する』の著者で、米国の自己啓発作家、成功哲学の第一人者、ナポレオン・ヒルの言葉です。

他人に同調し
仲良くやっていくのは簡単ですが
他人の行動に関係なく
誠実さという

最高の基準を守り行動できるなら
あなたは自然に
一流の人間に成長していきます
（ナポレオン・ヒル）

この言葉は、自分に誠実であるということが最も重要だと教えています。実のところ自分はどうしたいのか、しがらみや立場を取っ払ってしまった時、自分の本当の気持ちが顔を出します。「オレだってそうしたいよ。だけどそうもいかないだろ」とはよく聞く言葉ですね。

上司や会社ぐるみの不正に異を唱えることなどできず、誠実を胸の奥にしまい込んだまま一生うまくいくことなど決してないのです。それどころか結局、自分自身を最も愛せない人間になってしまうんですね。

目先の長いものに巻かれっぱなしではいけません。一番守るべきは自分の誠実さで、自身の本当の思いや考えを尊重することが大事です。やるべきことは、どうすればいいのかを考え行動することで、簡単ではないこの積み重ねが自分自身を創っていくことになるのです。働く場はその格好の場所と言えるでしょう。
　ここで孔子の言葉を紹介しますが、実のところ、僕はこれこそ人間関係の大もとではないかと思っています。

自分自身に対する誠実さと
他人に対する優しさ
全てはこの二つに
包括される
（孔子）

　自分に誠実であるというのは、自分本位な考え方や勝手な振る舞いをすることではありません。
　相手が誰であろうと、優しい思いやりの気持ちを忘れなければ自《おの》ずと誠実の意味をはき違えることはないと思います。

自分への誠実さと他人への優しさ、これを土台にすれば「平和」という言葉さえ浮かび上がってきますね。

仕事をするときは上機嫌でやれ

古今東西、失敗学の研究

次は井上靖氏の言葉です。

人間にしろ
美術品にしろ
言葉にしろ
所詮《しょせん》はみな
出会いである

(井上靖『わが一期一会』)

職場においてはどんな上司と出会うか、人生を変えるとまではいかなくても、上司のひと言ひと言は、部下に影響を及ぼすことは確かです。

知人の女性は以前、知育玩具を扱う会社で、新商品の開発チームの一人として働いていました。自信を持って発売しようと思っていた新商品の類似品が先に他社から発売されてしまい、今後どのように売り出していくか、みんな沈痛な思いで会議にのぞんでいた時のことです。

プロジェクトの男性チーフがいきなりバッと立ち上がって、大声で「よっしゃー!!」と叫んだそうです。みんな唖然《あぜん》としていると、「コーヒータイム！　今日は僕のおごりです」と言ったとか。

みんなの表情が一変して、結局、このコーヒータイムにああだこうだ冗談も言い合っているうちに、それ、いけるんじゃない、という案が出てきたそうです。

「とにかくチーフは明るい人で、『暗い顔して面白いおもちゃなんて出来ないよ』と言われたことがあります」と彼女は話していました。

そうなんですね。職種に限らず、陰気な上司はいただけません。その場のトップは場に責任を持たなければならないと僕は常々思っています。上司が陰気でいつもうっとうしい顔をしていたら、部下たちの士気は下がる一方です。明るく陽気な場は気持ちも上がります。上司のみなさん、その場に責任を持っていますか？
経済学者のアドルフ・ワグナーは言います。

仕事をするときは
上機嫌でやれ

（アドルフ・ワグナー）

フランスの哲学者、アランの『幸福論』にはこうあります。

すべての不運や
とりわけつまらぬ物事に対して
上機嫌にふるまうことである

（アラン『幸福論』）

上機嫌の波は
あなたの周囲に広がり
あらゆる物事を
あなた自身をも
軽やかにするだろう

（アラン『幸福論』）

幸福へ導くのは誰でもない、あなた自身なんだと、アランはこんなことも言っています。

人間には
自分自身以外に敵はほとんどいないものである
最大の敵は

つねに自分自身である
判断を誤ったり
むだな心配をしたり
絶望したり
意気沮《そ》喪《そう》するようなことばを
自分に言い聞かせたりすることによって
最大の敵となる

（アラン『幸福論』）

自分のマイナスの感情を言葉にして自分に聞かせるな、ということですね。「オレってホント、ダメだよなー」なんて言ってしまったら、ダメな方向に自分を導いているのかもしれませんね。

大切なことは気分を下げないことですね。周りに影響を及ぼす立場であれば、常に意識しておかなければならない大事なことだと思います。

ゲーテはこう言います。

人間の最大の罪は
不機嫌である

（ゲーテ）

「ボチボチいこか」で何とか切り抜ける

職場の雰囲気がいいのは、この上司のおかげ、と知人のひとりがこんな話を聞かせてくれました。

上司は温厚で、忙しい時でもせかせかした感じがまるでない人だそうで、何か事があり、慌ただしくしていると、「まあ、まあ」と軽く部下の肩を叩いて、穏やかに言うそうです。

「お互いゆるゆる行きましょう」

この言葉は不思議とみんなを普段のペースに戻す力があるんですよ、と知人は教えてくれました。

「ゆっくり行きましょう」では、そんなのんびりしてはいられない状況です、と反論も出そうですが、「ゆるゆる」を使われると、**「ゆるゆるのゴムでずるずる生きる老い」**（藤田志津恵）という川柳《せんりゅう》もあるように、ゆるゆるの持つ語感のパワーに呑《の》み込まれるんじゃないかと思うんですね。

しかもこの上司は、「お互い」と言っていますよね。あなたもゆるゆる、私もゆるゆる、どうですか、せかせかした気分を普段のペースにまで戻す力、充分にあるでしょう。

僕が長年勤めた新聞社にもこういう上司がいて、バタバタしている時でさえ、慌てず騒がずのいつもの感じはさして変わらず、その姿にかえってみんなの仕事がはかどった体験が何度もあります。

田辺聖子さんの『星を撒《ま》く』にこんな言葉があります。

せっぱつまって頭に血がのぼったり、もうアカン……人生ゆきどまり、と感じたとき、

「とりあえずお昼にしよ」

と声に出していうことにする。それと、「ボチボチいこか」と組み合せると、何とか、うまく切りぬけられそうな、立ち直れそうな気がするのだけれど。

（田辺聖子『星を撒く』）

失敗を失敗とは考えない

職場でその人の人柄や器が試されることになるのは、自分自身がミスをした時、また、部下が大きな失敗をした時ではないでしょうか。

自分がミスをしたことで迷惑をかけたのなら、とにかくまず謝る、これは当たり前

ですが、ミスについて聞かれたことに答える際には、事実をありのままに話せばいいだけなのに、自分の立場やその後の人間関係などあれこれ考えると、やっぱり言い訳してしまうんですよね。

アメリカの農芸化学者、ジョージ・ワシントン・カーヴァーはこう言っています。

99%の失敗は
言い訳を言う
クセを持っている人々に起こる

(ジョージ・ワシントン・カーヴァー)

言い訳ばかり考えていると、結局、失敗から何も学ぶことができず、また同じ失敗を繰り返すことになるんでしょうね。

シェークスピアの次の言葉は、言い訳などするものではないと戒《いまし》めています。

失敗の言い訳をすれば
その失敗が
どんどん目立っていくだけだ

（シェークスピア）

練りに練った言い訳を考える時間があるなら、対処やその失敗を今後に生かす方法を考えたほうがいいですね。

それでは、部下が失敗した時の上司の言動ですが、これは人望とも関わってきますので、一緒になってうろたえたり怒鳴《どな》ったり、感情をあらわにしたりしてはいけませんよね。

金融機関で働いていた女性から聞いた話を紹介しましょう。

コンピューターの新システム導入で、本社のメインコンピューターに各支店から一斉にデータを送信するというテストが実施されることになりました。

彼女を含め数人が事前にテストデータを打ち込み、チェックして本番を迎えました。

全店一斉送信ということで、上の連中も顔を揃《そろ》えていよいよ送信開始となったのですが、何とエラーの表示が出て送信に失敗してしまいました。

結局、彼女の打ち込んだデータにミスがあり、事前のチェックではわからなかったそうです。

他の支店は送信に成功したのですが、彼女のミスでこの支店だけが失敗してしまいました。彼女は直属の上司に頭を下げに行きました。

すると上司はこう言ったそうです。

「そんなに気にすることないよ」

いや、でも……と言葉につまっていると、

「いいんだよ、テストなんだから、いろんなことがあったほうが。ミスはいろいろなことを教えてくれるから」。

さらにこう続けたそうです。

「今後のためにはかえってよかったんじゃないかな」

「でも、うちの支店だけがミスを出してしまったわけで――」と上司に責任が及びはしないかと心配して彼女が言うと、

「そんなことはどうでもいいことだよ」と明るく返してくれたそうです。

いるんですねー、何が一番大事なことかがわかっている上司。いやいや、なかなかいませんよ。ひと頃、楽しみに新作を待っていた映画に「釣りバカ日誌」がありましたが、主人公のハマちゃんの上司、谷啓さん演じる佐々木課長ならどう言うか。

「きみ！　えらいことやってくれたねー！　一斉送信、全店一斉送信だよ！　うちだけだよ、送信ミスは！　わかってるのか!?　全店に恥をさらしたようなもんだ！　聞いてんのか浜崎ー！」となるわけです。

一切私的な感情を入れず、「今後のためにはかえってよかったんじゃないかな」と言えるかどうか器が試されるところですが、とにかくこの言葉は、部下の気持ちを救い、前向きにさせたことは言うまでもありません。

フォードの創設者、ヘンリー・フォードは「**失敗とは、より良い方法で再挑戦する素晴らしい機会だ**」と前向きな表現をしていますが、アメリカの神学者、ウイリアム・チャニングもこのように言っています。

間違いと失敗は
われわれが前進するための
訓練である

（ウイリアム・チャニング）

次はアメリカの詩人、ロングフェローの言葉ですが、やはり失敗を肯定的に捉えています。

ときとしてわれわれは

ひとりの人間の徳からよりも
失敗から
多くのことを学ぶだろう
（ロングフェロー）

そして失敗を失敗として見ないという、トーマス・エジソンの言葉もご紹介しましょう。

私は今まで
一度も失敗したことがない
電球が光らないという発見を
２万回しただけだ
（トーマス・エジソン）

さて、話を職場に戻します。

上司の「だから」は部下を萎縮させる

ここで少し上司の物言いについてお話ししておきます。結構みなさんが嫌っているのが、上司の「だから」という言葉なんですね。

話の要点がつかめず聞き返すと、「だから！」と強い口調で言う。これには「まだわからないのか。何度も言わせないでくれ」といった不快感が漂っていますし、こちらが説明している途中で、「だから!?」と話をさえぎるように使う「だから」も、「さっさと要点を言え」というような感情的な物言いだからでしょう。

では、どう言い換えればいいのでしょうか。

知人の臨床心理士は、説明する時の「だから」は、「だからね」と「ね」を一つ付けるだけで感じが変わる、とこう話しました。

「『ね』という助詞は親しみを感じさせ、次に助言めいた言葉を期待させるんですね。これすべて語感の問題なんです。みんなよくやることなんですよ」

これは僕がよくやることなんですが、要点後回しの長話を聞かされる時は、「だから!?」ではなく、「だから結局?」と促してみる。たいがいの人は、「結局――」と反復して、要点や結果を話してくれます。

いずれにしても「だから」を使う時は、感情的になってはいけません。

仏陀《ぶつだ》が聖者の資格としてあげた一つに、こんな言葉があります。

荒々しきことばを語らず
道理と真実のことばを語り
ことばにより
何人をも怒らしめない者
われは、かかる人を
聖者と呼ぶ

(仏陀)

言葉は刃《やいば》にもなりますから、怒りの感情を言葉にのせないこと、とはわかっていても、ついつい強い口調でものを言ってしまうことは誰にでもありますよね。しかし、言葉で相手に怒りの感情を抱かせない、と自分で意識していれば、出てくる言葉も自ずと違ってくるのではないかと思いますね。スイスの法学者、カール・ヒルティいわく、

忠告は雪に似て
静かに降れば降るほど
心に永くかかり
心に食い込んで行くことも
深くなる

（カール・ヒルティ）

部長の説教は、聞いているけれど効いていないようです。

説教の効果は
その長さと
反比例する

（河合隼雄『こころの処方箋』）

これは、臨床心理の第一人者で、文化庁長官も務めた河合隼雄氏（1928―2007）が遺した言葉です。

人の上に立つと、部下に話す言葉も説教調になる人がいるようです。「そもそもわが社は」とか「わかっているとは思うが」「その問題の本質はだね」など、上から目線の説いて聞かせる口調で話が長い。聞かされているほうは「この話いつ終わるんだろう」しか考えていないので、肝心な聞いておかなければならない話もスルーしてしまうわけです。

上司の説教は会社にとって有益な部下を育てるためのものですから、事の本質をはずさず、今後の部下にとって必要なことだけを手短《てみじか》に話すのが一番でしょう。

中国の儒学者、文中子《ぶんちゅうし》（王通）は言います。

多言より
大いなる
禍は莫《な》し

（文中子）

言いすぎてはいけないわけです。かえってその人のためにもならない、ということを暗に教えている言葉ですね。

イギリスの小説家、ジェイン・オースティンによればこうです。

ことば数少なければ
なおよし

（ジェイン・オースティン）

十のうち、十言わないと気がすまない人がいますが、大抵は三ぐらい聞けば理解できますから、要点を押さえて同じ話の繰り返しもやめましょう。

老子の言葉です。

> 知る者は言わず
> 言う者は知らず
>
> （老子）

人にはそれぞれ気づくタイミングがある

古代ギリシャの三大悲劇作家の一人、ソフォクレスが遺した言葉です。

> 短きことばに
> 多くの知恵蔵す
>
> （ソフォクレス）

まったくその通りだと思います。相手に解釈の余地を残すことが大事なんですね。相手が自分で考えて気づくように、あと一言あってもいいところで話を終えることが肝心です。

僕の経験からも、聞けば話してくれるけれど多くは語らない、このあたりのほどがいい上司の話というのは、僕自身が自分で気づいていったことが多く、大事なことが身に付いていったように思います。

アメリカの詩人、ウォルト・ホイットマンは言います。

最善のことを言うよりも
もっとよいことは
つねに最善のことを
言わずにおくことである

（ウォルト・ホイットマン）

これはあらゆる人間関係において、特に意味を持つ大事な指摘だと思います。

上司が部下に、親が子に、友人関係においても是非覚えておいてほしい言葉です。

その人が変わっていけるのは、壁にぶつかり頭を打って、自らの経験から学び取っていくことと、もう一つは、気づく何かに出会うことだと思います。

これを言ってやりたい教えてやりたいと思っても、人それぞれ、その時期というものもあるのではと思うのです。花も遅咲き早咲きがあったり、肥料をやる時期が違うように、きっと人間にもその人の時期というものがあって、本当の成長期には自分から聞いてくるということもありそうです。

吉田兼好は『徒然草《つれづれぐさ》』にこう書いています。

よくわきまへたる道には
必ず口おもく

問はぬかぎりは
言はぬこそ
いみじけれ

（吉田兼好『徒然草』）

少し先を歩いている者は可能性を信じ、問われれば答えて、気づく手助けをしてやればいいのではないでしょうか。

人を教えることはできない
ただ自悟させる手助けをするにすぎない

（ガリレオ・ガリレイ）

それでは、職場での人間関係の話の最後に、夏目漱石の言葉を是非。

真面目に考えよ

誠実に語れ
摯実《しじつ》に行え
汝《なんじ》の現今に播《ま》く種は
やがて汝の収むべき
未来となって現わるべし

（夏目漱石『漱石日記』）

この生徒はどんな人間になって、どんな人生を歩んでいくのか。学校の先生と生徒の関係も考えてみたいテーマですね。

正宗白鳥の才能開花

自然主義文学の代表的作家で、作家論では定評のあった正宗白鳥《まさむねはくちょう》（1879―1962）が小学生の頃、「花見の記」という作文を書こうとしたときの先生との思い出が残されています。

私の家の離れの庭には一本の八重桜があつて、ほかの一重桜におくれてその花の咲く時には、祖母が先に立つて弁当を作つて、孫達と花見の宴を催すことがあつた。私はそれを作文の種にして花見の記を（略）書かうとしたが、書かうとすると頭がごちや〳〵して何も書けさうでなかつた。よく咲いた花の下で、お婆さんや、私の兄弟が揃つて、玉子焼や蒲鉾《かまぼこ》や煮しめのお弁当を食べたことを、今年はまだ食べもしないのに、食べたつもりで書かうとしたが、食べもせぬのに食べたつもりで書くのがつまらなくなつた。（略）

それで、為方《せんかた》なしに、何も書かないで、白紙のまま先生の前に出すと、

「どうしたのぢや。何も書いてないと零点だぜ」

「しやうがありません」

「何か書きなさい。今は桜の盛りぢや。花は桜木、人は武士と云うことを君も聞いとるだらう」

「知りません」

「咲いた桜になぜ駒つなぐ、駒がいさめば花が散ると云ふ唄聞いたことないか」

「聞きません」

「それでは花より団子。君も団子の方が好きなんだらう。花見に行つて団子を食べたと書いたらいいぢやないか」

先生にさう云はれると、私はその通りに書かうかと思つた。桜の花を楽むよりも団子でも食べたいと思ひながら筆を執つてゐると、桜の花が団子のやうに見えだした。団子が串に差されて立つてゐるのが満開の桜の形か。私はさう思ひ出すと、それが面白くなつた。

「花見の記」が団子の記になつた。団子が咲いた〳〵と書いた。先生はそれを取上げていゝ点をつけて呉《く》れた。この先生も剽軽《ひようきん》であつたのか。

（正宗白鳥「花より団子」）


先生と白鳥少年とのやり取りが実に面白く、映画の一場面を見ているようですが、「団子が串に差されて立つてゐるのが満開の桜の形か」というのがその子の感性です。

「さう思ひ出すと、それが面白くなつた」と筆が進んで「団子が咲いたく〱」と書いたわけです。

この先生は白鳥少年のこの感性を大事にしたわけですね。もし先生が、ふざけて書くな、とでも言っていたら、後に名をはせる正宗白鳥の誕生はなかったかもしれませんよね。

独創的な表現と
知識の悦《よろこ》びを
喚起させるのが
教師の最高の術である

（アインシュタイン）

司馬遼太郎氏の〝学校嫌いの図書館好き〟

司馬遼太郎《しばりょうたろう》氏の場合は、ある先生との出会いで〝学校嫌いの図書館好き〟になったという話です。

中学一年の時、英語のリーダーに、Ｎｅｗ Ｙｏｒｋという地名が出てきたので、司馬少年は「この地名にどんな意味がありますか」と先生に質問したそうです。するとその先生は、「地名に意味があるか！」と怒声を上げたというのです。

司馬少年は帰り道、小さな市立図書館に寄って必要な本を出してもらって読んでみると、「それまでオランダの植民地で自国の首都の名をとってニューアムステルダムと呼ばれていたのだが、一六六四年、英軍に占領されてから、当時の英国国王の弟のヨーク公の名にちなみ、ニューヨークと改称された」と記されていたそうです。それ以来、学校が嫌いになり図書館が好きになったそうです。

随分ひどい先生もいたものだと思う半面、司馬遼太郎その人を思う時、幅広い知識を得ることができる図書館へ期せずして導いたのは、この先生だったのかもしれませんね。

完全な答えを求めないほうが、多くの答えが得られる

全米でベストセラーにもなった『こころのチキンスープ』という一冊に、ある先生のこんな文章があります。

> 子どもたちに必要なのは学科を学ぶことだけではない。このことがわかり始めてから、私は心がとても軽くなった。私は数学の教師で、数学を一生懸命教えている。以前は、それが私の仕事のすべてだと思っていた。
>
> （略）
>
> でも今は、数学を教えているのではなく、子どもを教えているのだと思っている。そしてすべての子どもを完璧に教えることはできないという事実も受け入れるようになった。

また、すべてのことに完全な答えを得ようと思わなくなった今、むしろエキスパートをめざしていた頃より多くの答えを得るようになった。

しかし、このことが本当にわかるようになったのは、エディという名の生徒のおかげだった。

私はある日、彼にたずねた。

「去年より今年の方がずっと成績が良くなったけれど、どうしてだと思う？」

すると彼は、答えて言った。

「先生に習うようになってから、自分が好きになったんです」

この一言で、私は教育に対する自分の新しい考え方を確信したのだった。

（ジャック・キャンフィールド／マーク・V・ハンセン『こころのチキンスープ』）


「子どもを教えている」というのは、子どもという人間を育てているということなのでしょう。生徒が「自分が好きになった」のは、先生が一人ひとりの人格を尊重して、自信を持たせたからにほかなりませんね。

希望こそ自信を生み出す

イギリスの文学者で劇作家、教育家でもあったジョージ・バーナード・ショーの言葉です。

為すべきことは
熱を与えることではなく
光を与えることなのだ
（ジョージ・バーナード・ショー）

僕の知人に4人の子どもを持つお母さんがいます。上の子どもが小学生の頃、何万もする英語で書かれた大百科事典を買いそろえ本棚に並べました。

4人もいるんだから、誰かこれを使うことになるだろうと期待したのが見事にはずれ、とうとう一人もその事典をめくることすらしなかったというんですね。それどころかみんな勉強嫌いになった、とそのお母さんはよくぼやいていました。

「無理に強《し》いられた学習というものは、何ひとつ魂のなかに残りはしない」とはプラトンの言葉ですが、きっとこのお母さんは子どもたちに、勉強しなさい！　勉強しないと自分が困ることになるとか、一生落ちこぼれになる、などと言って聞かせていたのではないかと想像します。

バーナード・ショーの「熱を与えることではなく――」とはどういうことか、この話でおわかりいただけるのではないかと思います。

子どもをよく見ていると、何か小さな可能性を自分に見つけ、子ども自身が〝好き〟に出会うことがあります。机上《きじょう》の勉強だけが勉強ではありません。前向きになっている子どもに決してマイナスの言葉は出さず、可能性を信じて常に希望を持たせ光を与えてやることが大事なんですね。

希望は大きな自信につながっていきます。自信がつくと子どもは自分のことが好きになっていきますから、何に対しても積極的に取り組めるようになるものです。

その子の長所や〝好き〟に目をとめ、光を与え続けることが最も大事なことなんですね。

夏目漱石と寺田寅彦のありのまま

さて、本書でたびたび登場いただく夏目漱石と寺田寅彦《とらひこ》の師弟関係はよく知られたことで、今さらここで紹介するのもはばかられるのですが、この二人には師弟を超えた深いつながりが感じられ、人間関係について考える時、僕は大変興味をそそられました。

漱石が29歳で、松山から熊本第五高等学校の英語の教師として赴任してきた年、寅彦も同校に入学していています。

寅彦は初めて漱石の家を訪ねた折、当時俳壇でも注目されていた漱石に、「俳句とは一体どんなものですか」と質問します。

漱石はこのように答えます。


「俳句はレトリックの煎じ詰めたものである。」

「扇のかなめのような集注点を指摘し描写して、それから放散する聯想《れんそう》の世界を暗示するものである。」

「花が散って雪のようだと云ったような常套《じようとう》な描写を月並《つきなみ》という。」

「秋風や白木の弓につる張らんと云ったような句は佳《よ》い句である。」

「いくらやっても俳句の出来ない性質の人があるし、始めからうまい人もある。」

（寺田寅彦「夏目漱石先生の追憶」）


この説明を聞いて、寅彦は急に俳句がやってみたくなります。夏休みに帰省して作った二、三十句を持って行くと、漱石はそれに短評や類句を書き、添削してくれた上、二、三の句の頭に〇や〇〇を付けてくれたそうです。それからは「まるで恋人にでも会いに行くような心持で」漱石の家に一週間に二、三度も通うようになります。

漱石は自分の句稿と一緒に、寅彦の句稿も友人だった正岡子規に送って、子規がそれに朱《あか》を入れてくれたそうで、その中には、新聞の俳句欄に載《の》せてもらえる句も何句かあったようです。

漱石は生粋《きっすい》の江戸っ子気質も手伝ってか、かなり短気で、その上神経質。厳しく怒鳴ることもあったようで、同窓生の中には漱石のことをたいそうこわい先生だと思っている者もいたようですが、「自分には、ちっともこわくない最も親しいなつかしい先生であった」と寅彦は書いています。

この「なつかしい」は懐かしいではなく、「なつく」の形容詞で、古語でいうところの、その人のそばにいたい、ぴったりくっついていたいという気持ちですね。

寅彦にとって漱石は最も心が通い合う、そばにいたいと思う先生だったわけです。

この師弟関係は生涯のものとなりますが、寅彦という人は漱石を師と仰いではいますが、決してこびへつらうようなことはしない。

師弟関係のややこしいところは、師匠のやることなすこと弟子は従うもので決して逆らえないということもあるようで、学び取りたいものがあるから、弟子は師匠の人間性に疑問を持っていても、そこは触れずに我慢するわけです。ですから、師匠とはできるだけプライベートなつきあいはしたくないという弟子もいるでしょう。

しかし寅彦はというと、漱石に会うのが楽しみで楽しみでならなかったようです。書生として家に置いてもらえないか、と相談したほどですから。

今日は忙しいから帰れ、と言われても、何だかんだと口実をつけて居座り、仕事をしている漱石のそばで絵を見たりして自由気ままにしている。

一緒に音楽会や展覧会にも出かけて行きますが、音楽会の帰り道、ぶらぶら歩きながら、曲目の中に流れた蛙の鳴き声を漱石がグウグウグウと真似《まね》て大いに笑う、こんな時間も寅彦にとっては本当に楽しかったのだろうと想像します。

ところがです。それほど慕っているにもかかわらず、漱石が引っ越しをするという時、寅彦はちっとも手伝わない。国に帰ったと持ってきたお土産は鰹節一本だけ。師匠に気をつかっているとは到底思えないありようですが、それだけではありません。漱石が描いた絵を、歯に衣着《きぬ》せぬ物言いで批評して苦い顔をされたり、謡曲をたしなむ漱石の謡《うたい》に「巻き舌だ」と言って、「ひどいことを云う奴だ」と根に持たれたりしています。

寅彦は心底慕う師匠に対して、自分のスタイルを変えず、ありのままの姿で接し続けたわけです。否、接し続けることができたんでしょうね。世間にはお世辞をお世辞とも取れず悦《えつ》に入《い》る師匠もいますが、漱石は違った。

子供のような心で門下に集まる若い者には、あらゆる弱点や罪過に対して常に慈父の寛容をもって臨まれた。その代り社交的技巧の底にかくれた敵意や打算に対してかなりに敏感であったことは先生の作品を見ても分かるのである。

（寺田寅彦「夏目漱石先生の追憶」）

僕を理解できるのは君だけだ

また、寅彦の一面をのぞかせる面白い話があります。

寅彦が25歳の時、漱石の仮住まいでお鮨をごちそうになるのですが、この時の様子は、寅彦が物理学者の中谷宇吉郎氏に語った話のほうがよりわかりやすいので、『中谷宇吉郎集』から引かせていただきます。

先生が倫敦《ロンドン》から帰られて家がなくて牛込の奥さんの所におられた頃、僕が行ったら鮓《すし》の御馳走をして下さったことがあった。その時何でも先生が鮪《まぐろ》を食うと僕も鮪を食う。海苔巻をとると僕も海苔巻をとったのだそうだ。最後に先生が卵焼を残されたら僕も何思わず卵焼を残したのだ。それで先生が「君は卵焼が嫌いかね」と聞かれたのでまた思わず「いいえ」といったのだ。「それじゃなぜ食わぬのか」といわれて、「先生が食べられないから」と返答したという話なのだ。僕は何も気が付かなかったがね。

（中谷宇吉郎「冬彦夜話――漱石先生に関する事ども――」）

この話だと、寅彦は無意識に漱石の鮨の食べ方を真似ていたということになります。何故そうなったのかは定かではありませんが、ここは寅彦よりむしろ漱石がその様子をどのように見ていたのかに興味が湧《わ》きます。

さぞかし不思議で、実に面白かったのではないでしょうか。漱石の死後に出てきたノートに、「Tのすしの食い方」と覚え書きがあったそうで、これも小説のネタにしてやろう、と思っていたのだろう、と寅彦は話しています。

きっと漱石は寅彦の持つ茫洋《ぼうよう》とした、一種ユーモラスな純朴な素材の良さ、というようなものを好ましく思っていたのではないかと思うのです。お互いの才能を認め合い、人間的魅力にひかれ合っていたのでしょうが、漱石が30代後半に寅彦に送った手紙にはこうあります。

> 漱石が熊本で死んだら熊本の漱石で。漱石が英国で死んだら英国の漱石である。漱石が千駄木で死ねば又千駄木の漱石で終る。今日迄生き延びたから色々の漱石を諸君に御目にかける事が出来た。是から十年後には又十年後の漱石が出来る。俗人は知らず〔衍〕漱石は一箇の頑塊なり変化せずと思ふ。此故に彼等は皆失敗す。漱石を知らんとせば彼等自らを知らざる可らず　這般《しゃはん》の理を解するものは寅彦先生のみ（略）
>
> （夏目漱石「寺田寅彦宛絵はがき〈1905年2月7日〉」）

「這般の理を解するものは寅彦先生のみ」――これらを理解できるのは寅彦だけだ、と言っているわけです。漱石は寅彦を、自分のことを一番よくわかってくれている人物と定めていたわけですね。

あれこれあってこその人生

漱石は、1916年（大正5年）、49歳で持病の胃《い》潰瘍《かいよう》が悪化し、この世を去ります。寅彦はその頃、同じ胃潰瘍で臥《ふ》せっていて、臨終には間に合いませんでした。『寺田寅彦随筆集』の「夏目漱石先生の追憶」には、漱石への偽らざる思いがつづられています。

先生からはいろいろのものを教えられた。俳句の技巧を教わったというだけではなくて、自然の美しさを自分自身の目で発見することを教わった。同じようにまた、人間の心の中の真なるものと偽なるものとを見分け、そうして真なるものを愛し偽なるものを憎むべき事を教えられた。
しかし自分の中にいる極端なエゴイストに言わせれば、自分にとっては先生が俳句がうまかろうが、まずかろうが、英文学に通じていようがいまいが、そんな事はどうでもよかった。いわんや先生が大文豪になろうがなるまいが、そんなことは問題にも何もならなかった。むしろ先生がいつまでも名もないただの学校の先生であってくれたほうがよかったではないかというような気がするくらいである。先生が大家にならなかったら少なくももっと長生きをされたであろうという気がするのである。
いろいろな不幸のために心が重くなったときに、先生に会って話をしていると心の重荷がいつのまにか軽くなっていた。不平や煩悶《はんもん》のために心の暗くなった時に先生と相対していると、そういう心の黒雲がきれいに吹き払われ、新しい気分で自分の仕事に全力を注ぐことができた。先生というものの存在そのものが心の糧《かて》となり医薬となるのであった。こういう不思議な影響は先生の中のどういうところから流れ出すのであったか、それを分析しうるほどに先生を客観する事は問題であり、またしようとは思わない。（寺田寅彦「夏目漱石先生の追憶」）

「先生を客観する事は問題であり、またしようとは思わない」という言葉に、弟子としてのわきまえた物の言い方や姿勢が垣間《かいま》見え、漱石への真っすぐな気持ちがよく伝わってきます。

この二人の関係を考えてみると、お互いが心の深いところで共感し合っていたのだろうと思うのです。自分でも意識していない、心の奥底にある最も芯なる部分と同じものを相手に見出《みいだ》して共鳴し合っている、そんな感じがします。

たまたま師弟として出会ってはいますが、いかなる関係性で出会っていても、この二人はお互いを深く理解し合える間柄になったのだろうと僕は思います。

人間関係において、このような相手にめぐり合えたらどれほど幸せなことか。きっと人生は倍楽しくなるはずですから。

さて、世の中には様々な人間関係があり、厄介《やっかい》なことに日々頭を悩ませている方々もいらっしゃることだと思います。第一部「人間関係」の終わりに、師弟関係にあった二人の哲学者から言葉をいただくことにしましょう。

簡単すぎる人生に
生きる価値などない

（ソクラテス）

あれこれあってこその人生なんだ、と思わせる言葉ですね。人の成長には終わりがないことを思うと、経験することや様々な体験こそ必要なんでしょうね。

アメリカの哲学者、ジョン・デューイは**「思考という要素を何ら含まないでは、意味をもつ経験はありえない」**と言っています。経験したことから何を学び取るかが大事だということなんですね。

ひとつクリアすればまたひとつと、天が与えているのか自分自身が作り出しているのか、壁を乗り越えていくのもまた人生のような気もします。

では、ソクラテスの弟子であったプラトンの言葉を最後に是非。

親切にしなさい
あなたが出会う人は
みんな
厳しい闘いをしているのだから

（プラトン）

第二部

謎だらけ、男と女

小津安二郎監督の〝3度目のデート〟考

3度で恋をみきわめる

駅前の喫茶店で隣り合わせになった、若い男ふたりの会話に聞き入りました。

隣り合わせに座っていたので、話し声が高く自然に耳に入ってきたのですが、どうやら女の子に関わる話のようです。

つい聞き耳を立ててしまいました。

「で、どうだった?」

性急に聞き出そうとする相手に「いや……」と口ごもったまま言葉が出てきません。

「え!? またダメだったのか?」

「……」

「デート3度目だろ？」

これは面白い話になるぞ、と僕の頭のメモ帳が開きました。

「2度空振り。今回はうまくいくと思ったんだけどな……」

「駄目だったか…… 〝3度目の正直〟って言うけどな」

「3度目の正直？」と相手は聞き返しながら、スマホで検索し始めました。

「……最初の2回は失敗しても3度目はうまくいく……って何だよ！　何が正直だ！」

「確かに……」

二人は黙ったままスマホに目を落としているので、僕は席を立ちました。

歩きながら、3度か……「仏の顔も3度まで」「石の上にも3年」、そうそう「居候《いそうろう》3杯目にはそっと出し」という言葉もあるなあ、3は見極めの数字か……などと考えをめぐらしていると、ふと思い出した言葉がありました。

以前テレビ番組で紹介されていた、日本映画の巨匠と呼ばれた小津安二郎《おづやすじろう》氏（1903―1963）のこんな言葉です。

男女の仲というのは
夕食をふたりっきりで3度して
それでどうにかならなかったときは
あきらめなさい

（小津安二郎）

3度、と言われると、そうだなあと納得してしまうのは何故なんでしょうね。

3は実に力を持った数字だと思いませんか。例えばドラマの撮影シーンで「スタート」の合図を出す場合、5秒前、4、ここまで声に出して言い、3からは指だけで3、2、1と役者さんにスタートを告げる。もしくは3まで声に出して2、1と指で合図を送る。ラジオの本番でもディレクターが、「じゃあ、本番いきまーす。3」まで言って、指で2、1、どうぞと手を差し出したりします。

3には、さあいよいよ、と始まりを感じさせると同時に、スタートまでまだある、という一瞬のゆとりがあり、緊張とゆとりの微妙な狭間《はざま》にあって精神的バランスをとっている数字なのでは、とも思います。スリー、ツー、ワン、とカウントする場合、フォーからカウントすると、そのバランスが崩れるのがおわかりいただけるのではないでしょうか。

三角形になって初めて空間のある形が作られ、ゆとりが生まれる。この一番小さなゆとり、それ以上だと大きすぎるぎりぎりのゆとりを3という数字は持っているわけです。メダルは金、銀だけでなく、銅まである、というゆとり。三種の神器《じんぎ》、日本三景、世界三大〇〇、2ではなく、3になったときの安定感、収まりのよさは、このゆとりと大いに関係しているように思えます。

3という数字を出されると、きっと私たちは弱いんだと思うんですね。「3か、3ならしょうがないな」と暗黙の了解ができてしまう。小津監督が「夕食をふたりっきりで3度して――」と言うと、なるほど、と納得してしまうのも、あれこれ考える前に3にやられてしまっているんだと僕は思います。

口説いていいかどうかは、気配でわかる

ところで暇な折、『村上さんのところ』を取り出して読んでいると——。

読者のさまざまな質問に作家の村上春樹氏が答えるという体裁の本なので、似た質問と答えはないかと探してみたわけですが、「ふたりきりの食事の意味」の項目が目にとまったときは、あった！　と急いで文字を追いました。

内容はこうです。

41歳の独身女性が同じ会社のおじさんに、ビーフシチューのお店に行かないか、と誘われご馳走になるのですが、そのおじさんから、ふたりで食事に行くっていうことは気があるって考えていいかと聞かれます。女性が「考えちゃやダメに決まってます」と答えると、じゃあ今日はなぜここに来たの？　と聞いてくる。

「美味《おい》しいものが食べられると思ったから」

彼女の答えは実に率直でした。

そのおじさんとは以前からほかの仲間たちと一緒にご飯を食べに行ったりして、面

倒なこともなく楽しい会話ができる相手だと思っていたので、その気軽さから食事の誘いを受けたようです。

それに対して村上氏は、こんなふうに答えています。

> 僕もときどき一緒にご飯を食べたり、野球を見に行ったりする年下のガールフレンドはいますが、口説《くど》いたりしないですね。はっきり分けて考えているから。そういう仕分けができない人は困ります。だいたい口説いていいかどうかは、気配でわかるものです。
>
> （村上春樹『村上さんのところ』）

村上氏の言う気配は、相手の目や仕草、言葉遣いから察せられるものです。このおじさんはそういった相手への観察抜きに、ふたりきりの食事をOKしたということは、自分に気があるからだと単純に考えてしまっているわけですね。

ふたりきりの食事イコール気がある……ということはいい関係に持ち込めるなんて、

よほどのモテモテ色男ならともかく、普通のおじさんはやはり相手の気配を感じ取り察するべきでしょう。

あからさまに話を持ちかけてはガツガツしているように思われるだけで、きっと次の日、彼女の口から同僚に「きのうさー」と話題にされ、「きも!」などと言われるのがオチですよ。

「俺はすごいんだ」自慢をする人はモテない

村上氏は、もう一つ大事なことを教えてくれています。

現役で働く人の〝現役感〟の出し過ぎは要注意だということです。

確かに出しすぎ、というのは自慢話になりがちで、俺はバリバリやってんだぞという男盛り、働き盛りのアピールは今の女性からはステキとは思われず、むしろ暑苦しい、などと否定的な感じも与えそうですからご注意ください。

自慢話をして「すごいですねぇ」とか「いやー、たいしたもんですね」などと言われて悦に入っている方には、イギリスの哲学者、フランシス・ベーコンの言葉をプレゼントしましょう。

自慢する人間は
賢明な人間のあざけりの的
愚かな者の感嘆の的
取り巻きどもの偶像
自分自身の
高言の奴隷である

（フランシス・ベーコン）

話を先の小津監督の言葉「――夕食をふたりっきりで3度して、それでどうにかならなかったときは、あきらめなさい」に戻します。

そもそも美味しいものを食べる時はテンションも上がり、うれしい気持ちで満たされるものです。食事の誘いをOKするというのは、相手のことをそれなりに憎からず思っているわけでしょうから、うまくいけばうまくいく気もします。

ですが、3度目にも相手にその気配が感じられなかったとしたら、やはりあきらめたほうがいいのでは、と思いますね。

ただ、人間不思議なもので、あきらめた途端、相手に対して変な余裕が出てきます。この余裕が思わぬ展開を招くこともあります。後日、逆に向こうから誘ってきてうまくいったケースもある、と聞いたことがあります。

押しても駄目なら引いてみな、とはよく言ったものですね。

永遠に通じるものは常に新しい

色の苦労はやりがいがある

ここでは僕が選んだ小津監督の言葉のうち、とりわけ言われてみればそうだなあ、と思われる言葉を紹介しておきます。

小津監督は２０２３年12月で生誕１２０年、没後60年を迎えましたが、その人生で自ら得た言葉です。小津語録をじっくり味わってください。

どうでもよいことは
流行に従い
重大なことは
道徳に従い

芸術のことは
自分に従う

（『キネマ旬報』昭和三十三年八月下旬号）

日本的なものが
大きなことを云えば
一番世界的に通用するもんなんだ

（『キネマ旬報』昭和三十三年八月下旬号）

金の苦労はいやだが
色の苦労はいくつになっても
仕甲斐《しがい》があるっていうから
僕もその気でやるよ

（『毎日グラフ』昭和三十三年七月十三日号）

僕も記憶している、よく知られた小津氏の言葉があります。

男が女を見るのをやめ
女が紅を差すのをやめた時は
あきらめなさい

（小津安二郎）

これは面白い言葉ですね。恋愛中の男女に当てはめると、二人の仲はもう終わっていますよ、ということになりますし、結婚して何年もたつ男女の場合だと、あきらめなさい、と言われなくてもとっくにあきらめていますね。

たまにお父さんがお母さんをよく見る、なんてしたら、何？　何か顔に付いてる？　ジロジロ見ないで気持ち悪い、と言われそうです……あきらめましょう。

ここで、せつない思いが言葉に入りこんでくる小津映画のセリフも挙げておきたいと思います。

名作「東京物語」です。ラストシーンまでの流れを少し触れておきましょう。

胸の内に秘めた言葉

東京に住む子どもたちを尾道から訪ねた老夫婦（笠智衆《りゅうちしゅう》、東山千栄子）は、まるで厄介払いのように熱海旅行に行かされますが、防波堤から立ち上がろうとした老妻はよろめき、やがて帰らぬ人になります。

最後のシーンは、葬儀も終え、夫の周吉が尾道の自宅でポツンと一人座って海を眺めていると、隣の細君が声を掛けてきます。

「皆さんお帰りになつて、お寂しうなりましたなァ」

「いやァ……」と周吉。

「ほんとに急なこつてしたなァ……」

人生の哀歓が漂うこのラストシーンは、シェークスピアのこんな言葉を思い出させます。

言葉が
役に立たないときには
純粋に真摯《しんし》な沈黙が
しばしば人を説得する

（シェークスピア）

何度見ても、沈黙が胸の内の言葉を聞かせてくれる感を覚えます。

このほか、**「永遠に通じるものこそ常に新しい」**とか**「安物を粗末に使うな。良いものを大事に使え」**といった小津の数々の言葉は、自分の毎日の生活に落とし込んで伝えていかなければいけないな、と思わされます。

言葉以上に相手に伝わる方法

俳優の高倉健さんは、映画「ぽっぽや」で第23回日本アカデミー賞（２０００年）最優秀主演男優賞を受賞しています。

今さらの話になるかもしれませんが、その時の健さんの言葉が今もって僕には忘れられないのです。

登壇した際の第一声はこうでした。

「生きるために……」

突然のこの言葉に、会場も茶の間も一瞬ドキッとしたはずです。そして次の言葉を待つ……生きるために……で？　生きるために、何？　とこちらが思うくらいの間《ま》があって、健さんはこう言葉をつなぎました。

「俳優になって、あっという間に40年、時がたちました」

僕は唸《うな》るしかありませんでした。間といい、言葉の使い方といい、いたって簡潔ですが、彼の俳優人生の厳しさも一瞬にして聞き手に伝わるインパクトがあったに違いありません。普通の言い方はこうです。

「俳優になって、あっという間に40年が過ぎました」

どうですか？　受ける印象が大きく異なりますよね。一言一言の真実味……おわかりいただけますか。

間は、言葉以上に語ってくれます。

例えば、「愛だよね」とは言わず、「愛」でいったん間をとって、「だよね」と言ってみてください。愛についてたいして何も考えていなくても、間をとるだけで、深いことをこの人は言っている、と相手は思うでしょう。

同じように「人生」でもやってみてください。広がりのある大きな言葉ほど相手は深くうなずきます。健さんは「40年」でいったん間を取ってから「時がたちました」とおっしゃいましたから、聞く側はより言葉に意味を感じ取ったわけです。

「生きるために……俳優になって、あっという間に40年、時がたちました」

この言葉の憎いところは、「40年、時がたちました」という言葉選びです。こちらのほうが長い年月の経過を感じ取ることができますよね。

同じことを言う場合でも、言葉の選び方ひとつで受ける印象は違ってきます。イギリスの文学者、サミュエル・ジョンソンは**「言語は思想の衣装である」**と言っています。健さんの場合は言葉を選んで使っているのではなく、ご自身の生き方そのものが表現されているように思われますね。

涙は心から流れ出るもの

歌手の八代亜紀さんが2023年の暮れに亡くなりましたが、訃報《ふほう》を知らせるテレビ番組で彼女のヒット曲「舟唄」が流れてくると、健さんの映画『駅　STATION』を思い出された方も多かったのではないでしょうか。僕もその一人です。ビデオで見直しましたもんね。

健さん演じる三上は刑事であることを隠して飲み屋のママ、桐子（倍賞千恵子）と恋仲になるのですが、桐子が以前一緒にいた男が自分が追っていた凶悪犯だと知ることになります。

結局、桐子の目の前で男は三上に銃で撃たれて絶命するのですが、事の成り行きから、自分に近づいたのは男を捕まえるためだったと桐子は誤解するのです。

普通なら、違う違う、誤解誤解！　知らなかったんだ、と言いたいところでしょうが、三上は何も言わず、その地を去る夜、店に立ち寄ります。

いつものようにつきだしをカウンターに出す桐子。黙って時刻表をめくる三上。何も語らないこの場面は、一言でもいいから何か言い訳してほしい、とこちらの胸をざわつかせます。

「舟唄」は、二人の店でのシーンに度々《たびたび》テレビから流れていました。この時もまた、言葉のない空間に胸に沁《し》みるようなイントロが流れ、八代さんの歌が二人の切ない思いを広げていきます。

でも実際に店に行くのなら、それは話したいことがあるからで、桐子にわかってもらえるように言葉を連ねて話をしますよね。あるいは店には立ち寄らずそのまま去るか……。

実は、健さんはこのシーンに異を唱え、店には寄らないで、そのまま立ち去らせてほしい、と言ったそうですが、脚本の倉本聰《そう》氏は、健さんはそうでも、普通の男は立ち寄るんですよ、と応じなかったと伝わっています。

でも、普通の男は立ち寄って無言でいるなんてできません。山ほど言い訳するでしょうね。いや、いろいろ考えさせられる場面でした。

いい風に吹かれながら死にたい

僕は健さんを何度か取材していますが、時に自ら演技論を語って「**涙は目からではなく、心から流れ出るものなんです**」と話していたのをよく覚えています。僕が教えていた、早大大学院のジャーナリズムコースの授業にも顔を出してくれました。その時にも数多くの印象に残る言葉をいただきましたので、いくつか紹介しておきましょう。

心をよぎらないと
芝居はできない

言葉をいくら数多くしゃべっても
どんな大声を出しても
伝わらないものは
伝わらない

言葉は少ないほうが
自分の思いは
むしろ伝わる

お金ばっかりで本当にいいのかって
思う日が来なかったら
勉強が足りないんだと思う
人間
何を求めて生きたかなんです

（高倉健）

健さんの最後の映画「あなたへ」で、種田山頭火《さんとうか》の句が何句も出ていたので、対談の際に山頭火の次の句を紹介しました。

何を求める風の中ゆく

（種田山頭火『草木塔』）

健さんは随分この言葉に感じ入ったようでしたので、先の言葉が生まれたのではと思っています。

さらに晩年はこんな言葉も口にされていました。

俳優をやめたら
どこか風のいいところで暮らして
そこで死にたいなあ
いい風に吹かれながら
（高倉健）

黙して語らずのイメージが強かった健さんですが、実際は朗《ほが》らかによくお話をされる方でした。しかし役柄と重なる部分も多く、深い思考のできる方だったように思います。

デンマークの思想家、キルケゴールの言葉を紹介します。

ほんとうに黙することのできる者だけが
ほんとうに語ることができ
ほんとうに黙することのできる者だけが
ほんとうに行動することができる

（キルケゴール）

ひとりで生きるも楽し

顔ではなく心で演じる

女優では吉永小百合さんもまた、発する言葉にそのひととなりが感じられますね。演技力のある女優さんは数多くいらっしゃいますが、どんな作品のどんな役をやっても、日本の美風がここにある、と感じさせる女優は吉永小百合さんただ一人だと思います。

役柄が何であれ、そこに吉永小百合がいる、という感覚を拭《ぬぐ》い去ることができないのも、日本の女優の象徴的存在だからでしょう。

そんな吉永さんの大きな魅力は声でしょうね。深みのある静かなトーンで語る言葉には説得力と誠実さが感じられ、彼女の朗読会にファンが多いのもよくわかります。

福島の被災地を描いた詩「詩ノ黙礼」（作・和合《わごう》亮一）を吉永さんが朗読している

のを動画で拝見しました。

見えない姿の　子どもたちが
悲しい心の　子どもたちが
この土手に来て
鯉のぼりを　見あげている
津波が　津波が　来たんだね
つらかったね　こわかったね
子どもたち

（和合亮一『詩ノ黙礼』）

吉永さんの「子どもたち」の最後のひと言は、子どもたちの未来につながる祈りまで感じられ、静かな語りの中にある、あふれる思いがひしひしと伝わってきました。声のトーンとテンポは、言葉に説得力を持たせることに大いに関係しています。自分の声を一度チェックしてみるのも大事なことですね。

ところで僕なりに興味を覚えていたのは、監督が俳優にどういう演技指導をしているのかということでした。

山田洋次監督は、役者さんに**「顔で芝居しないでください」**と指導していたそうで、吉永さんにも**「顔ではなく、心で役になりきってください」**と言っていたという話です。

要は心模様をどう演技するかということなんでしょうね。

長年、日本映画を引っ張ってきた黒澤明監督は、自らの胸を叩きながら、**「僕は、ここで映画を作っている」**と俳優陣に言っていたそうです。

多くの映画ファンには、大いに納得できる言葉ではないでしょうか。

生まれてきてよかった

人生を感じる言葉というと、「男はつらいよ」の寅さんにもいろいろあるんですよね。その一つを紹介しておきます。

「おじさん、人間ってさ、何のために生きてんのかなあ」と甥《おい》っ子の満男に問われ、寅さんはこう答えています。

難しいこと聞くなあ
なんていうかな――ほら
ああ、生まれてきてよかったなあって思うこと
何べんかあるじゃない
そのために生きてんじゃないのか
そのうちお前にもそういう時が来るよ
まあ、頑張れ

（「男はつらいよ」第39作「寅次郎物語」）

寅さんはこんな俳句も詠《よ》んでいました。

テレビ消しひとりだった大みそか

鍋もっておでん屋までの月明り

一人ぼっちの寂しさを味わいながら、人前では寅さんはいつも陽気に笑っていたんですね。

孤独な思いをどう表すか。それで思い出すのは、身一つ、無一文の生き方で知られた自由律俳句の尾崎放哉《ほうさい》（1885—1926）の句です。

いつしかついて来た犬と浜辺に居る

（尾崎放哉『俳句集 大空』）

目に浮かぶ風景とともに、心の真実まで伝わってきます。孤独とは「伝える」ものではなく、「伝わる」ものなんですね。

孤独こそ自由である

確か、吉行淳之介氏がこんなことを書いていたと記憶しています。

「孤独」——甘ったれ／「純粋」——いかがわしい

作家の嗅覚が捉えた、作家ならではの文学的表現ですが、「純粋」——いかがわしいは、純粋でない僕などからしてみると、わかるなあと思うところは多々あります。

「孤独」——甘ったれ、これには、実際に独りっきりの生活を送っている人から、あなたのような人にはわからない、とか、本当の寂しさがわかるか！　と反論の声が上がるんじゃないかと思いますし、みなさんの中にもそのように思われる方がおられるかもしれませんね。

「孤独のグルメ」というテレビ東京のドキュメンタリードラマがあります。ストーリー展開があるわけではなく、松重豊さん演じる輸入雑貨商が営業先で見つけた食事処で、独りで自由においしいものを食べるという番組です。ナレーションはこうです。

「時間や社会にとらわれず、幸福に空腹を満たす時、つかの間、彼は自分勝手になり自由になる。誰にも邪魔されず、気を使わずものを食べるという孤高の行為。この行為こそが現代人に平等に与えられた、最高の癒《いや》しと言えるのである」

孤独であるがゆえの自由、独りだからこそ味わえる幸せを思う時、「孤独」——甘ったれ、という言葉は、孤独＝寂しい、という枠の中に自分を置いたままでいいのか、と問うているようにも感じますね。

ドイツの哲学者、ショーペンハウアーの言葉です。

孤独を愛さない人間は
自由を愛さない人間にほかならない

なぜなら孤独でいる時のみ
人間は自由なのだから

(ショーペンハウアー)

言葉には力があり、状況により様々に表情を変えて現れます。固定観念にとらわれず、思考の幅を広げてその言葉をキャッチしていくことが大事ですね。

孤独そのものについては、哲学者の三木清がこんなことを言っています。

孤独は山になく
街にある
一人の人間にあるのでなく
大勢の人間の
「間」にあるのである

(三木清『人生論ノート』)

すべてが自分で満たされる時間

なるほど、よくわかりますねぇ。ほかにも孤独についての言葉は数々ありますが、結構みなさん孤独を愛していらっしゃるようです。

われは孤独である
われは自由である
われは
われみずからの王である
（カント）

共和政ローマの政治家であり、哲学者でもあったキケロは、こう言っています。

われが孤独であるときには

最も孤独にあらず
（キケロ）

坂口安吾も孤独を肯定的に捉えて、「孤独は、人のふるさとだ」と言っていますが、吉田兼好も『徒然草』にこのように書いています。

つれづれわぶる人は
いかなる心ならん
まぎるる方なく
ただ一人
あるのみこそよけれ
（吉田兼好）

心がほかのことに奪われないから、孤独のほうがいいじゃないか、というわけです。レオナルド・ダ・ヴィンチも興味深いことを言っています。

画家は孤独でなければならない
何故なら
一人なら完全に自分自身になることができるからだ
たった一人の道連れでもいれば
半分しか自分ではなくなる

(レオナルド・ダ・ヴィンチ)

心が奪われることなく、すべてが自分自身で満たされていることが芸術家にとって大切なことなんでしょうね。吉田兼好の言う「まぎるる方なく」に通じる言葉ですね。

嫉妬という怪物とどうつきあうか

人間の性質の中で一番みにくいもの

孤独は一人きりで味わうものですが、嫉妬は他者を巻き込む厄介な感情でもあります。

> 人間がどんなにしても
> 克服できないものがある
> それは嫉妬の感情である
>
> （井上靖「その人の名は言えない」）

ドストエフスキーはこう書いています。

感情は絶対的である
そのうちでも嫉妬は
この世で
最も絶対的な感情である

（ドストエフスキー）

スイスの哲学者、カール・ヒルティは『眠られぬ夜のために』に、**「人間のすべての性質のなかで、嫉妬は一番みにくいもの」**と書いていますが、「嫉妬」とは、自分より優れていたり、幸福な人に対してうらやむ気持ちがエスカレートして攻撃的になる感情と、もう一つ、男女間のいわゆる焼きもちを言うわけですね。前者は最近はネット上で、言葉が妬《ねた》みの刃として使われています。

攻撃している人は自分自身が嫉妬しているということにも気がついていないのかもしれませんが、しかしいくら攻撃したところで自分自身の根本解決にはなりません。

中国の儒学者、荀子《じゅんし》の**「自知者不怨人」**という言葉があります。

自ら知る者は
人を怨《うら》まず
（荀子）

言葉の刃を向けている人は、自分の心に目を向けてほしいと思うばかりです。フランシス・ベーコンは、嫉妬についてこう言います。

嫉妬はつねに
他人との比較においてであり
比較のないところには
嫉妬はない
（フランシス・ベーコン）

古代ギリシャの三大悲劇作家の一人、アイスキュロスははっきりこう言います。

嫉妬心を少しも持たず
友人の成功を喜ぶ
強き性格の持ち主は
皆無なり

（アイスキュロス）

すごいなあ、素晴らしいなあ、と称賛したあと、どうしても我が身を振り返ってしまうからいけないんですよね。
トルストイがこんなことを教えてくれています。

自分をその人より優れているとも
偉大であるとも思わないこと
またその人を自分より優れているとも

偉大であるとも思わないこと
そうすれば人と生きるのがたやすくなる
（トルストイ）

焼きもちで他人を困らせていませんか？

続いて焼きもちのほうです。僕は以前、夫が嫉妬深くて困っている、と相談を受けたことがあります。

その女性のご主人は働くのを続けてもいいと言いながら、昼食を男性社員と一緒にした話などをするとたちまち険しい顔になり、明日から弁当を持って行って一人で食べろとか、残業も駄目、挙句は一泊の社員旅行も駄目だと言い出しました。

ですが、何日か過ぎたころご主人の出張を聞かされ、それがちょうど社員旅行の日と重なっていたため、こっそり行くことに決めました。

幸い出張先から二度ケータイに電話があっただけで、彼女は社員旅行を楽しんで先に帰宅しました。

ところが次の日、帰って来たご主人が言ったそうです。

「今日、お前の会社に電話した」

「え!?」

「旅行、お前も来たって言ってたよ」

反論する彼女に、ご主人がしきりに言ったのはこうです。

「お前にはわからないのか！　どれだけお前を愛しているか！　愛しているから嫉妬するんだ」

僕はこの話を聞き、「このままだと別れる」とご主人に言って、少しずつ歩み寄らせるか、それが駄目なら嫌われる努力をすることかな、とアドバイスしました。

あと10年、いや20年かかるかな――ご主人の奥さんへの嫉妬は自然に消滅するでしょうけど……ということは言いはしませんでしたが。

フランスの小説家、シャルドンヌは『愛、愛よりも豊かなるもの』にこう書いています。

嫉妬は
所有ということから来る
悪癖である
（シャルドンヌ）

愛していると何度言っても

ことほどさように嫉妬の感情は厄介で、人間社会に渦巻いています。先に紹介した「駅 STATION」で健さん演じる三上刑事もまた、妻の不倫を許すことができず、許してやれないのか、という周りの声にも耳を貸さないまま別れた過去があります。

ここであのシーンを思い出していただきたいのです。三上が最後に店に立ち寄る場面です。健さんがそのまま立ち去りたい、と脚本に異を唱えたという話をしましたが、きっと健さんは三上という人物をよく考えた上でそう言ったんだと思います。

三上が妻のあやまちを許すことができなかったというのは、嫉妬もあるでしょうが、それ以上に、妻が自分を裏切ったことが許せなかったんでしょう。

三上は人に厳しく、自分にはもっと厳しいタイプでしょうから、今回の事件で職務を全《まっと》うするためとはいえ、愛する人を深く傷つけてしまった。そんな自分を許すことなどできるはずがない。それなら言い訳などもってのほか、店に寄ることなどありえないと健さんは思ったのでしょう。

そしてもう一つ、桐子にすれば三上を恨み、憎んでいる方がずっと楽で、早く忘れられる。立ち寄って何か言葉を掛ければ、三上に未練が残るのではないか。健さんが考えそうな男の優しさですね。

健さんが三上は店に寄らず立ち去る、と言ったのは、僕の想像ではありますが、このようなことだったのでは、と考えています。

自分の思いは胸にしまい、相手のことを思いやる気持ち、先に紹介した嫉妬深いご主人にはかなりハードルが高そうです。

フランスの貴族で文学者だった、ラ・ロシュフコーの言葉です。

嫉妬のうちには
愛よりも
自愛のほうが多く潜んでいる

（ラ・ロシュフコー）

不倫は悪と誰が決めたのか

愛の谷間で溺れたい

サザンオールスターズの「LOVE AFFAIR～秘密のデート」は、不倫している男性の思いを歌ったものですが、その中に「愛の谷間で溺《おぼ》れたい」という歌詞が出てきます。この曲を聴いた時、不倫している男女の胸中にピッタリの表現を見つけた！ と思いました。二人は「愛の谷間で溺れている」のだと。

EXILEも「Ti Amo」で、「この罪を背負いながら生きてく覚悟はできてる」と、不倫している女性の胸中を、ATSUSHIとTAKAHIROが甘く切なく歌い上げています。

いや、実際そんな思いなんでしょう。でもこれは「愛の谷間で溺れている」から仕方ないんです。何を言っても。

人を愛したら
賢いままでいることは
不可能になる

（プブリリウス・シルス）

ただ、芥川《あくたがわ》龍之介はこのように言っています。

我我を恋愛から救うものは
理性よりもむしろ
多忙である

（芥川龍之介『侏儒《しゅじゅ》の言葉』）

よくわかりますねぇ。多忙は、寝ても覚めても忘れられない、という状態から解放してくれるとは思いますが、しかし仕事が終われば一目散――なんでしょうねぇ。

江戸時代には、社会的に認められない男女関係を不義密通と言っていました。不倫という言葉は、その後、明治時代にやってきた漢語で、日本では道徳的に許されないという意味合いを強めていったようですね。

デジタル表記になってしまった不倫

作家の古井《ふるい》由吉《よしきち》氏（１９３７―２０２０）がこんなことを指摘しています。

現代社会は経済中心に動いていますから、事柄が数字で表されることが多くなっています。本来、ストーリーはアナログでなければならないのに、デジタル表記になってきているんです。（略）よく「不倫」という言葉を使います。その一言で、婚外恋愛のすべてのいきさつが封じられてしまい、デジタル化されてしまうんです。どういういきさつで深い関係になっているのかが問題のはずなのに、すべて「不倫」という概念の中でパターン化されてしまいます。　（古井由吉『人生の色気』）

この言葉を思い出しつつ、『サンデー毎日』（2023年8月13日号）の特集記事「広末涼子はそんなに悪い女性か！」を読みました。ワイドショーが連日、広末さんの不倫を取り上げていた頃です。

フランスやアメリカとの性文化の比較が興味深く、とりわけ在仏30年、パリ在住ライターのプラド夏樹氏のコメントにはいろいろ考えさせられました。

「広末さんが謝罪する必要もなかったと思います」と言い切り、「フランスでは1970年以来、個人の恋愛関係と性的指向は民法第9条によりプライバシーとして守られていて、むしろそれを暴くメディアのほうが責められる立場にあります」と指摘し、特集記事を書いた女性記者も、フランスと比べて日本は、SNSでの不倫叩きが陰湿さを増していることに言及しています。

プラド氏の話にはこんなくだりもありました。

果たして性は、誰のものか。その文字通り『生きる心』ですから、成人同士が合意のうえであるならば国にもマニュアルにも、世間やメディアにも指図される必要はないし、されたくないと思います。

（「広末涼子はそんなに悪い女性か！」『サンデー毎日』）

安定が愛を殺す

いずれにしても不倫の二人は、愛の谷間で溺れているわけですから、それなりの覚悟はできているのではないでしょうか。行き着く先まで第三者が、二人の間に割って入るのは難しいでしょうね。

ただ、不倫を歌った歌詞には、例えば久保田利伸の「Ｍｉｓｓｉｎｇ」では「出会いがもっと早ければと」、前川清だって「恋唄」で「出逢う時が遅すぎたのか」と歌っているように、今、夫婦生活を送っている相手より、先に出会いたかった、という歌詞が目立ちます。実際に二人はこういうことを言い合っているのだろうと想像します。

しかし僕はあえてそれは違うぞ！　と言いたいです。もし、今の不倫相手と先に出会って一緒になったとしても、日々の生活が待っています。

「ゴミの中にまたペットボトル入ってた。ちゃんと分別して！」

「トイレの電気つけっぱなし！　電気代上がってんだから」

これのどこに胸が締め付けられるようなドラマ性がありますか？

イギリスの詩人、バイロンはこう言っています。

女性は天使なるも
夫婦生活は悪魔なり

（バイロン）

そして男の中にはまた、愛の谷間で溺れたくなる人もいるわけですね。
最後にフランスの小説家、マルセル・プルーストのよく知られた名言を紹介させていただきます。

安定は愛を殺し
不安は愛をかきたてる

（マルセル・プルースト）

時がたてばわかる愛

女は男の成熟する場所

ところでみなさんは、日本の近代批評の創始者と言われる小林秀雄氏（1902—1983）の言葉をじっくり味わったことがありますか。作家論から古典論、さらには美術論まで多彩な活動領域で後世に遺した数々の言葉は名論卓説に富んでいます。

ここでは「男と女」にまつわる彼の言葉をいくつかご紹介させていただきますが、それぞれに自らの体験が生きてモノを言っている感があり、その事実と真実味にふれた彼ならではの言葉と、その胸中がいろいろさまざまに想像させられます。

恋愛は冷徹なものじゃないだろうが、決して間の抜けたものじゃない。それ処《どころ》か、人間惚れれば惚れない時より数等悧巧《りこう》になるとも言えるのである。惚れた同士の認識というものには、惚れない同士の認識に比べれば比較にならぬ程、迅速な、溌剌《はつらつ》とした、又独創的なものがある筈《はず》だろう。（小林秀雄「批評に就いて」）

女は俺の成熟する場所だった。書物に傍点をほどこしてはこの世を理解して行こうとした俺の小癪《こしやく》な夢を一挙に破ってくれた。（小林秀雄「Xへの手紙」）

僕は元来女とは、という様な警句を吐く男を好まない。僕の経験では女をよく知っている男ほど女というものはという風な話の仕方をしたがらない様だ。（小林秀雄「女流作家」）

小林秀雄氏が詩人、中原中也の恋人だった長谷川泰子という女性と同棲していたのは知られたことですが、氏が彼女と別れようと思った時の心の状態が、実に興味深いのです。

するだけのことは全部した

白洲《しらす》正子さんが、次のようなことを書いています。

ある晩、彼女は荒れに荒れて、一睡もしなかった。小林さんはそばにつきっきりで面倒をみていたが、夜が明けたので外へ出た。その頃小林さんの母上は畑で野菜を作っており、キャベツがいっぱいに朝露をあびて、きらきら光っているのを眺めているうちに、「もうこれでいい。するだけのことは全部した。思い残すことはない」と、はっきり自覚したそうである。
何故《なぜ》かその話は強く私の印象に残っている。おそらく小林さんは世間の人たちが考えているよりずっと素朴《そぼく》な人間で、自然の風物から直感的に教えられることは多かったに違いない。寝巻のままで彼は家を飛び出し、友人に金を借りたりして、最後に奈良へ辿《たど》りついたのは周知のことである。

（白洲正子『いまなぜ青山二郎なのか』）

小林氏が当時、奈良に住んでいた志賀直哉を訪ねていったこともよく知られていますが、ことの経緯を細かく説明するのはおよそ不可能でしょう。

キャベツと朝露。心のレンズが一点にズームインしたとき、万象に心が動くことはありがちなことかもしれませんが、寝巻のまま飛び出し、自分の作り上げた現実を捨てるほどの覚悟と決意——。

この時、小林氏は極の状態にあったのだと思います。極は極に通じる如《ごと》く、だからこそ自然が見せた極限の美しさに心が呼応したのではないか、そんなふうに僕には思えます。

いろいろ心に思うまま僕なりに理解できる男女関係の話を書いてきましたが、男と女の話は心にストレートに伝わる話もあれば、今一つ理解しにくい話も少なからずあるでしょう。

ですが、それはそれでいいのではないでしょうか。僕にも「あの時はよくわからなかった言葉が今は胸に響く」ということがあります。その時々の心の状況は微妙に変わるものです。とりわけ男と女ほど、言葉と人生をさまざまに織りなす関係もないでしょうから。

第三部

上機嫌に生きるコツ

幸せはどこにある

不完全だからこそ人生

人生は
落丁の多い書物に似ている
一部を成すとは称し難い
しかし兎《と》に角《かく》
一部を成している

（芥川龍之介『侏儒の言葉』）

人生は不完全なものであるけれど、それが一人ひとりの人生なんだということなんでしょうね。

「人生は落丁の多い書物に似ている」

最初この言葉だけを目にした時、なるほど人生は全く先のことはわからないよな、と着眼点の面白さに惹《ひ》かれ、社会運動家、作家の大杉栄によく似た言葉があったことを思い出していました。

人生は決して
あらかじめ定められた
すなわち
ちゃんとできあがった一冊の本ではない
各人がそこへ一字一字書いて行く
白紙の本だ
生きて行く
そのことがすなわち

人生なのだ

（大杉栄「社会的理想論」）

この言葉が頭に残っていたために、「人生は落丁の多い書物に似ている」の一文にチャップリンのよく知られた次の言葉がふと浮かんできて、言葉の裏には想像力の大切さが潜んでいるようにも思えたのです。あとに続く言葉を読み、芥川龍之介の人への眼差《まなざ》しにふれ、やはりこちらのほうが彼らしい良い言葉だと思いました。

人生に必要なのは、勇気と想像力、そして少しのお金

（チャップリン「ライムライト」）

ところで、想像力というとアインシュタインの次の言葉を思い出します。

想像力は知識より大切だ

知識には限界がある
想像力は世界を包み込む

（アインシュタイン）

人生は悲劇か、喜劇か

人間の頭の中の広さについては「はじめに」でも書きましたが、想像力をもってすれば世界を包み込むこともできるという言葉は、人間の想像力を何にどう生かせばいいのかについて考えさせられますね。

先人たちの才気や英知、ときにユーモアあふれる言葉はなかなか味わい深いものがありますが、『人間喜劇』の著者、フランスのバルザックは「人生——人間喜劇」という言葉を好んで使っていたようです。実際は喜劇より悲劇と感じることも多いように思うのですが、ショーペンハウアーに言わせるとこうなります。

人生というものは
通例、裏切られた希望
挫折させられた目論見《もくろみ》
それと気づいたときには
もう遅すぎる過ち
の連続にほかならない

（ショーペンハウアー）

ここまで言われるとやっぱり「人生――人間喜劇」ではなく、悲劇だという気もしてきますが、当の本人にとっては悲劇でも、第三者の目で俯瞰《ふかん》した時、すべったり転んだり、何でそっちに行く？　という方向に舵《かじ》を切ったりしているのを見ていると、きっと喜劇なのかもしれませんね。

喜劇と言えば、正宗白鳥がこのように書いています。

人生は
歩いている影たるに過ぎん
只一時、舞台の上で
ぎっくりばったりをやって
やがて最早
噂《うわさ》もされなくなる
みじめな俳優のようなもの
（正宗白鳥）

実はこれ、シェークスピアの『マクベス』の次の一節を、白鳥氏が自分の言葉に変換したものなんですね。

人生は
ただ影法師の歩みだ

哀れな役者が
短い持ち時間を舞台の上で
派手に動いて声張り上げて
あとは誰ひとり
知る者もない

（シェークスピア）

平坦ではないが、この道を行く

いずれにしてもこの言葉は、あくせくしたところでたかが人生、所詮《しょせん》ははかないものなんだと感じさせられる半面、為すべきことを為した方々の言葉だと思うと、はかない人生だからこそ、大事に生きなければいけないと受け止めることもできるんじゃないかと思いますね。

ドイツの小説家、ジャン・パウルの言葉です。

人生は一冊の書物に似ている
愚者たちは
それをペラペラとめくっていくが
賢者は
丹念にそれを読む

（ジャン・パウル）

やはり人生は、どんなことでも味わいながら進むがよしなんでしょうね。起こってくることに感情のまま反応するだけではなく、一番大事なことは何なのか、自分はどうしたいのか、何をすべきなのかを考え、またそこから学び取れるものは何なのかと深く思考を広げることができれば、また次のステップに進んでいくのだと思います。

人生とは

実験である
実験を重ねれば重ねるほど
より良い人生となっていく
（エマーソン）

アメリカの詩人、エマーソンの言葉です。思索をめぐらし、何度も何度も試行錯誤を繰り返しながら経験していくことが大事だということでしょう。

次はロシアの文芸評論家、フリーチェの言葉です。

人生は学校である
そこでは幸福よりも
不幸のほうが
よい教師である
（フリーチェ）

幸せより、不幸のほうが学ぶものが多い、ということですが、いずれにしても一生平坦な道を歩んでいける人などいないのです。

武者小路実篤《むしゃのこうじさねあつ》が『人生の言葉』にこのように書いています。

わが行く道に茨《いばら》多し
されど生命の道は一つ
この外に道なし
この道を行く

（武者小路実篤『人生の言葉』）

「この道を行く」には、定められた運命があっても抗《あらが》わない、という姿勢の中に静かな覚悟が感じられますね。

楽しいと感じる気持ちを持ち続ける

ところで、「道」というとやはり思い出すのはアントニオ猪木さんですね。引退式で詠まれた「道」は、それまでにも何度か耳にしていた方も多かったのではないかと思います。

実は、あれは哲学者の清沢哲夫氏の『無常断章』に収められている、次の「道」という詩を猪木さんが少しアレンジしたものなんですね。

此の道を行けば　どうなるのかと
危ぶむなかれ
危ぶめば　道はなし
ふみ出せば
その一足が　道となる
その一足が　道である

わからなくても　歩いて行け
行けば　わかるよ

（清沢哲夫「道」『無常断章』）

猪木さんは**「その一足が道となり　その一足が道となる　迷わず行けよ　行けばわかるさ」**とご自分の言葉にして披露していました。猪木さんの力強い言葉が一層詩にパワーを与え、励まされた方も随分いたことだろうと思います。

この詩が人の心に届くのは、たとえ運命というものがあっても、自分の一足が自分の人生をつくっていくんだよ、と教えているところだと思いますね。

人生は短い
わずかな時しか
生きられないからというよりも
そのわずかな時のあいだにも

わたしたちは
人生を楽しむ時を
ほとんどもたないからだ
（ルソー）

ルソーが言う人生の短さは、つまらなさにも等しく、人が生きていく上で、楽しみで彩られることが少ないことを嘆いているようにも感じます。
イギリスの詩人、ジョン・キーツが『エンディミオン』に書いています。

楽しみはしばしば訪れるお客であるが
苦しみは
無残にも
われわれにまつわりつく
（ジョン・キーツ）

そうなんですよね。これもよくわかりますが、先人たちの言葉を探っていくと、楽しい人生は、楽しいことに満ちあふれている人生をいうのではなく、楽しいと感じる気持ちを持ち続けることだと教えています。

一人ひとりに使命がある

吉川英治氏のよく知られた言葉です。

晴れた日は晴れを愛し
雨の日は雨を愛す
楽しみあるところに
楽しみ
楽しみなきところに
楽しむ

（吉川英治）

渋沢栄一は、人には天の使命があり、**「人生に対する絶対的の力である」**として、このように語っています。

天命を楽しんで事をなすということは
処世上の第一要件である
（渋沢栄一）

処世上の第一要件、これは人間関係の中で生きて行く上で一番必要な条件だというわけです。一人ひとりに成すべき事があり、それを楽しめと教えています。

第一部で紹介したアランの言葉に「上機嫌の波はあなたの周囲に広がり」とありましたが、楽しんで生きることが周りにもいい影響を及ぼすことを思うと、渋沢栄一らしい言葉だなあと思いますね。

シェークスピアはこのように言っています。

人は心が愉快なら
終日歩んでも嫌になることはないが
心に憂いがあればわずか一里でも嫌になる
人生の行路も同じで
人は常に明るく
愉快な心を持って
人生の行路を歩まねばならない

（シェークスピア）

では、どうすれば心が愉快になるのか。それには、物の見方や考え方を楽しい方向に向けていくことなんでしょうね。しかし、出会いや起こってくる出来事を楽しみ、どんな時にも上機嫌でいるなんていうことが本当にできるのかどうか。これは一生をかけてする大事業のようにも思われますね。

ならばまず、楽しいと思えたり、晴れやかに笑えることを見つけていくことで、楽しい気持ちの領域を心の中に広げていくというのはどうでしょうか。毎日の生活の中では、結構面白い言葉が飛び交っています。

例えば――ガス代の請求書を見ると、百何十万円と記されている。あとで記載ミスだとわかるのですが、ご主人が何かの間違いだろう、とガス会社に電話しようとしたら、奥さんが、「待って、私、シャワー使い過ぎたかも」と言ったそうです。

僕は、こんな意外な面白い言葉や意表を突く言葉を聞いた時は、必ずメモをとるようにしています。そうすることで何度でも笑えて、誰かに聞かせて愉快な気持ちをシェアすることもできるからです。

では、その中から僕が気に入っている話を一つ紹介しましょう。

大好きなことをしてごはんを食べていけるなら

知人のおばあちゃんの口癖は、「私は本当に幸せ者」でした。

「入り婿《むこ》は優しいし、子や孫に恵まれて、寝る時にいつも神様仏様に手を合わせている」と言っていました。

ある時、お寺でおじいちゃんの五十回忌の法要が行われることになり、家族や親戚がお寺の大広間に集まりました。読経《どきょう》のあと、住職が「みなさん、本日はよくお集まりいただきまして」と話し始め、途中で、「このようにたくさんのお孫さんやひ孫さんに囲まれて」と目の前のおばあちゃんを見て声を張るようにして、こう聞きました。

「おばあちゃん、幸せですか？」

おばあちゃんが少し首を傾《かし》げたように見えたので、聞こえなかったのだろうと思ったのか、住職がもう一度聞きました。

「おばあちゃん、幸せですか？」

すると、うつむき加減だったおばあちゃんは顔を上げて言いました。

「四分六《しぶろく》ですかね」

四分六……おばあちゃんの本音は四分六だった！　それなら幸せは四分なの、六分なの？　どっち？　と、家族や親戚の間ではこの言葉、さぞかし物議をかもしたのではないかと想像しますね。

結局その後、誰もおばあちゃんにそのことを聞くことができないままで、おばあちゃんは他界されたそうですが、「四分六」は忘れられない言葉としてみんなの記憶に残っているそうです。

著名人の言葉でも笑えるものがありますよ。僕の記憶にあるのが、フランスの劇作家、アルマン・サラクルーの言葉です。

人は判断力をなくして結婚し
忍耐力をなくして離婚し
記憶力をなくして再婚する
（アルマン・サラクルー）

推理作家のアガサ・クリスティーも、確かこんなユニークなことを言っていました。

妻が年を取るほど
興味を持ってくれるだろうから
最良の夫は
考古学者です

（アガサ・クリスティー）

さて、みなさんはどんな人生なら楽しく愉快だと思いますか。僕が常々うらやましいなぁと思っているのは、大好きなことをしてご飯が食べていけるということです。スポーツ、芸術、芸能、いずれの世界であっても、寝食を忘れて没頭できるものがあり、それで生きていける、これほど幸せなことはないのではないでしょうか。

働きすぎは不幸なのか？

ピカソは**「仕事をしているとくつろげる」**と言っていたそうですが、ロシアの小説家、ゴーリキーは『どん底』にこう書いています。

仕事が楽しみなら
人生は極楽だ！
仕事が義務なら
人生は地獄だ！

（ゴーリキー）

そしてアランは『幸福論』で、**「仕事は唯一の楽しいことであり、それだけで完全な満足感が得られるのは仕事しかない」**と言っています。本田技研の創業者、本田宗一郎氏は技術者としても様々な業績を残した方ですが、彼の仕事への取り組みには並々ならぬものがありました。

むずかしいことに取り組み
いろいろ工夫をする
忘我というのか
頭の中がカラッポになる
無心になる
この時間が何にもまして
楽しいと僕は思っている

（本田宗一郎『やりたいことをやれ』）

本田氏が無心で仕事をしている時、ラーメン屋台のチャルメラの音が聞こえてきて集中力をそがれたことがあったそうで、その時は何と屋台のラーメンを買い占めて店じまいさせてしまったとか。きっと最上の楽しみは何にも邪魔されたくなかったのでしょうね。

『昆虫記』でおなじみのファーブルはこう言っています。

一分間さえ休む暇のないときほど
私にとって幸せなことはない
働くこと
これだけが私の生きがいである
（ファーブル）

ちょっとこれはワーカーホリック？　と思われそうですが、それほど仕事が楽しくて楽しくて仕方なかったということでしょうね。ファーブルが小学校の教師をしている時も、生徒より夢中になって虫を追いかけていたそうです。

アリストテレスは言います。

働く喜びこそが
仕事を完璧なものにする
（アリストテレス）

そしてアランはこうも言っています。

真の音楽家とは
音楽を楽しむ人のことであり
真の政治家とは
政治を楽しむ人のことである
そして
楽しむのは能力のある証拠だ
（アラン『幸福論』）

この言葉は、孔子の『論語』の学ぶことについて書かれた「知之者不如好之者、好之者不如楽之者」を思い出させます。

これを知る者は
これを好む者に如《し》かず（及ばない）
これを好む者は
これを楽しむ者に如かず

（孔子『論語』）

学ぶことを楽しめる人が一番だというわけです。

ライフワークと向き合い続ける楽しみ

新発見のうれしさと楽しさ

「楽しむ」というのは、満足感や愉快を感じることを言います。学問の世界でこの境地に達した方は数多くいらっしゃいますが、中でも特筆すべきは、数学者の岡潔《おかきよし》氏（１９０１—１９７８）ではないでしょうか。

岡氏といえば数学界で難題とされた「多変数解析函数《かんすう》論」の三大問題を解いて世界中の数学者を驚嘆させた方ですが、『春宵《しゅんしょう》十話』に、大発見に至るまでの自身の状態、発見後の様子が記されていて、大変興味深いので紹介します。

岡氏は広島文理大の助教授時代にこの三大難問に取りかかりました。授業中、ふとひらめくと黒板一面に数式を書き、考え込み、学生はその間ほったらかし。頭の中は研究テーマでいっぱいという状態だったようですが、来る日も来る日も、考えても考え抜いても手がかりが得られない。無理にやっていると眠くなってくる。

北大に招かれて研究を続けていた時も、惰眠《だみん》性脳炎とあだ名を付けられるくらい眠ってしまうことが多かったようですが、そろそろ家に帰ろうかと思っていた矢先、物理学者、中谷宇吉郎の家での朝食後、大発見は生まれます。

隣の応接室に座って考えるともなく考えているうちに、だんだん考えが一つの方向に向いて内容がはっきりしてきた。二時間半ほどこうして座っているうちに、どこをどうやればよいかがすっかりわかった。二時間半といっても呼びさますのに時間がかかっただけで、対象がほうふつとなってからはごくわずかな時間だった。このときはただうれしさでいっぱいで、発見の正しさには全く疑いを持たず、帰りの汽車の中でも数学のことなど何も考えずに、喜びにあふれた心で車窓の外に移り行く風景をながめているばかりだった。(岡潔『春宵十話』)

緊張と一瞬のゆるみが発見と楽しさを生む

岡氏は、発見には緊張と一種のゆるみが必要なのではないかと、このように書いています。

全くわからないという状態が続いたこと、そのあとに眠ってばかりいるような一種の放心状態があったこと、これが発見にとって大切なことだったに違いない。種子を土にまけば、生えるまでに時間が必要であるように、また結晶作用にも一定の条件で放置することが必要であるように、成熟の準備ができてからかなりの間をおかなければ立派に成熟することはできないのだと思う。だからもうやり方がなくなったからといってやめてはいけないので、意識の下層にかくれたものが徐々に成熟して表層にあらわれるのを待たなければならない。そして表層に出てきた時はもう自然に問題は解決している。

（岡潔『春宵十話』）

岡氏は発見の喜びは「チョウを採集しようと思って出かけ、みごとなやつが木にとまっているのを見たときの気持」と言い、「数学上の発見には、（略）必ず鋭い喜びが伴う」と書いています。

難問に取り組んでいる時の状態は〝楽しい〟より苦しいを通り越して、闘っているかのようにも見えます。心身ともに極限状態になり、職も追われ、故郷で田畑を売って食いつなぐ生活の中でも岡氏はひたすら研究を続けていました。

「幸福は、その人が真の仕事をするところに存在している」とアウレリウス（第16代ローマ皇帝）は『自省録』に書いています。

現実がどれほど過酷であっても、ただ一つのことで頭も体も心もすべてが満たされているというのは、確かに幸福であると言えます。そして長い道のりの末ようやく見つけた！　という達成感は、まさに〝鋭い喜び〟であろうと想像します。

最後に、岡氏の有名な言葉を紹介します。

よく人から数学をやって何になるのかと聞かれるが、私は春の野に咲くスミレはただスミレらしく咲いているだけでいいと思っている。咲くことがどんなによいことであろうとなかろうと、それはスミレのあずかり知らないことだ。咲いているのといないのとではおのずから違うというだけのことである。私についていえば、ただ数学を学ぶ喜びを食べて生きているというだけである。そしてその喜びは「発見の喜び」にほかならない。

（岡潔『春宵十話』）

やり終えた疲労感が人生の楽しみを深くする

こころよき

疲れなるかな
息もつかず
仕事をしたる後《のち》の
この疲れ

（石川啄木『一握の砂』）

これは石川啄木の言葉ですが、楽しむという境地は、仕事に没頭したあとの疲れも心地よいと感じさせるのでしょうか。
イギリスの作家、ウイリアム・ヘイズリットもこう言っています。

人生における
究極の喜びとは
やるべきことを
やり終えたときの

快感である

（ウイリアム・ヘイズリット）

先ほど紹介した岡潔氏の『春宵十話』には、夏目漱石が芥川龍之介に出した手紙の一節が紹介されていますが、大変興味深い言葉です。

自分はこの夏は、午前中創作を書き、午後は籐椅子《とういす》を持ち出して庭の緑蔭を楽しむのであるが、午前中の創作活動が、午後の休息の肉体に愉悦を与えるのを例としている。自分は文学はここまで来なければうそだと思う。

（岡潔『春宵十話』）

手紙は夏目漱石が亡くなる年の夏に書かれたものですが、寺田寅彦が中谷宇吉郎に語ったところによると、漱石は『吾輩は猫である』や『草枕』を書いている頃は書くのが楽しみだったようですが、晩年になってからは小説を書くのが厭《いや》でたまらないように思えたというんですね。

漱石は一般科学に対して大変興味を持っていて、寅彦が自分の実験室で、ある科学者の実験の話をしたところ、それを一回聞いただけで見たこともない実験をリアルに小説に描き出したといいます。

漱石の頭の中では「文学の科学的研究方法」というようなテーマが絶えず動いていたようで、ひょっとすればそういった研究のほうが楽しんでできたのかもしれませんが、晩年は創作が忙しくて時間を費やせなかったようです。

そうだとすれば、「文学はここまで来なければうそだと思う」と漱石に言わしめる〝創作活動が休息の肉体に与える愉悦《ゆえつ》〟というのは、仕事そのものを〝楽しむ〟ことのまだ先にある、真の文学者がたどり着いた境地なのでは、と思えてきますね。

岡氏は、漱石のこの言葉に、「全く同感で、この一節は人類の文化にとって非常に貴重な文献だという気がする」と書いています。

川柳で生活をより楽しむ

内田百閒と川柳

川柳を趣味にしている人は、日々の生活で何を見ても何を聞いても、五・七・五アンテナが働くので、物事への興味が尽きることがありません。

俳句を詠む人は自然に対して敏感な上、想像力がたくましく、それこそ宇宙空間にまで発想を飛ばし作句をすることもあるそうです。ともに頭を使い、日々を楽しんで生きるのには最適ですね。

俳句と川柳の違いは、と僕はよく聞かれます。

室町末期から江戸時代にかけて盛んになった、こっけい味のある詩を俳諧《はいかい》と称してきましたが、松尾芭蕉《ばしょう》が蕉風を確立して芸術的価値を高めたものが俳句です。

川柳は、俳句のように季節や切れ字の決まりがなく、多くは口語を用い、世相への

風刺、皮肉、こっけいをもって表現してきました。江戸中期に柄井《からい》川柳が始めたこと

で人々の口にのぼるようになった短詩文芸です。

大阪の川柳結社「番傘」を率いた岸本水府の句に、「**ぬぎすてゝうちが一番よいと**

いふ」という名句がありますが、川柳は、要は何事かについての気づき、発見したこ

とを素直に詠むということで十分いい句が生まれるように思います。

僕は2004年4月から毎日新聞とMBSラジオ共催で「健康川柳」の家元をやら

せてもらっていますが、何気ない日常の風景や営みの中からすくい上げてくるみなさ

んの気づき、発見には毎回感心させられます。

夏目漱石の門下生で、文章道の達人、内田百閒《ひやつけん》が『オール讀物《よみもの》』の座談会「ユーモ

アコンクール」（1947年4月号）で、面白い発言をしました。出席者は内田百閒のほか、

徳川夢声《むせい》、高田保の各氏です。

内田　高田さんでしたか。「オール讀物」に「接吻考《せっぷんこう》」なんていうものを書かれたのは？
高田　相済みません。（笑）
内田　あなたはああいうものに趣味をお持ちなのですか？
高田　改まってイヤな爺さんだな。（笑）
内田　事新しくイヤなじじいではありません。かねてからのイヤな奴が年を老ったただけだ。（笑）

（「ユーモアコンクール」『オール讀物』）

川柳の場合、作者はどうでもいい

百閒は54歳の時、『百鬼園俳句』を出版していますが、その4年後、この席で川柳界で名言とされている言葉を口にします。

川柳は
俳句より
八百倍もむずかしい

高田　八百倍？

内田　川柳のむずかしさはね、うまくなければ駄目ということですよ。俳句はうまくなくっても一應はいいんだが、川柳の下手だけはどうにもならない。

徳川　待って下さいよ。それはアベコベかもしれんですぞ。

内田　待ちませんよ。（笑）俳句には境涯というものがあって、そこを覗《のぞ》かせばいいんだが、川柳というやつは生活の割れ目から飛び出して来る。飛び出しっちまえばそれはもう自前で生きていて、作者が誰だかそんなことは問題にすることもいらなくなる。

高田　まったく川柳の場合、作者はどうでもいいな。
内田　「居候三杯目にはそっと出し」あれは誰の作か、そんな穿鑿《せんさく》はいらない。居候の生活の割れ目みたいなものから自然に飛び出して来たものでしょう。作ろうとしても作者の才覚だけじゃピリリとした川柳魂をもったのは出て來やしない。うまいのほど作者が忘れられて、川柳だけが瞭《はっ》り頭に残る。
（「ユーモアコンクール」『オール讀物』）

百閒の雄弁さが際立っていますが、機知と諧謔《かいぎゃく》が百閒流であってみれば、それも当然だったかもしれませんね。
百閒の「八百倍もむずかしい」には、ウソ八百呼ばわりする俳人もいたようですが、それにしても一文人の川柳論そのものが独特のユーモアとエスプリに富み、魅了された川柳愛好者も多かったのではないでしょうか。

音楽は心に作用する

百閒は1889年（明治22年）、岡山市に生まれました。1911年（明治44年）に夏目漱石の病気見舞いに行って弟子入りしています。

現在の番地で言えば、千代田区五番町で百閒が暮らしていた際、お隣は男爵の邸宅でした。大きな家の長い塀を毎日見ているうちに、こんな句がよぎったようです。

長い塀つい小便がしたくなり

（内田百閒「長い塀」）

もちろん立小便を禁じる貼り札がしてあったそうですが、百閒という人は禁じられるとつい抵抗したくなる人だったのでしょう。

ここで、百閒の大いに納得させられる言葉を紹介します。

社会に出て

役に立たぬ事を
学校で講義するところに
教育の意味がある

（内田百閒「学生の家」）

学問は脳を鍛え、物の見方や考え方をつくり、知識や教養は、その人の内面に働きかけて、人格やたたずまいをつくる手助けをし、また変えていくものでもあります。専門学校ならともかく、普通の学校での勉強は、世間に出てすぐ役に立つものを教えているわけではないということですね。実に言い回しが百閒らしいですね。次もなるほどと思わせられます。

言葉のない
音楽を聴いて出る涙は
一番本物の涙だと云ふ気がする

（内田百閒「四方《よも》山《やま》話」）

音が織りなす世界は、頭ではなく心が受け止めるのではないかと思うのです。涙は、理解を超え心が反応して自然にあふれ出たものであるから、本物なのではないかと百閒は言っているのでしょうね。では音楽の力について の言葉を少し紹介しましょう。

トルストイはこう言っています。

人は音楽の力に釣られて
実際自己の感じないことを感じ
自己の理解しないことを理解し
自己のできないことも
可能なような気がするのです

（トルストイ）

音楽は心に作用しているのだろうと思わせる言葉ですね。プラトンはさらにまだその奥を言います。

音楽とリズムは
魂を
その秘奥へと導く
（プラトン）

音楽は体に作用する

アメリカの詩人、エマーソンは音楽が体にまで作用することを言っています。

心の奥底に達して
あらゆる病を癒せる音楽
それは温かい言葉だ
（エマーソン）

音楽の話なので、やはり音楽家の言葉を――。
ベートーヴェンにご登場いただきましょう。

音楽は
いかなる知恵
いかなる哲学よりも
高い啓示である
……私の音楽の意味を
把握し得る者は
他の人々がはいっている
すべての悲惨から
逃れ得るだろう

（ベートーヴェン）

言葉に力があることはよく承知していますが、哲学者や音楽家の言葉は、音楽には心の深い部分に訴えかける力があり、高い啓示を与えることもできることを教えています。だとすれば、先に紹介した内田百閒の言葉にある「涙」は、まさに高い啓示により魂が揺さぶられたがゆえに流れ出た涙のことを言うわけで、さすが百閒、と思わざるをえません。

ところで、黒澤明監督が「まあだだよ」で百閒という人物を描いていますが、ロングインタビューに答えて監督は次のように語っています。

百閒さんは本当に面白い人物ですよ。やはり天才なんだと思いますよ。生まれっぱなし、というか。なかなか、ああは行動できない。わがままであるけど、自分に対して正直なんだよね。それで、とくにオカシイことを言おうとしているわけじゃないんだけど、大真面目にやるから、それがオカシイ。猫がいなくなったといっては、大騒ぎするわけでしょう。周りはかなわないね。でも、そういう人間的弱みを隠さないいんだ。さらけ出しちゃう。そこに打たれるんですね。

（黒澤明「日本映画は死なず！」『宝石 1993年4月号』）

趣味は世の中の油である

さて、ここでもう一人、川柳ファンを紹介させていただきたいのですが、へー、あの先生が川柳？　と思われる方です。

その方は、英文学者の外山滋比古《とやましげひこ》氏（1923－2020）です。

大学生のバイブルとまで評され、100万部突破のベストセラー『思考の整理学』が印象深いだけに、川柳とは無縁のように思われますが、著書の『知的生活習慣』に、「私はかねてから、俳句より川柳の方が、より知的で、その点で、俳句は川柳に及ばないというかねてからの持論を枕にして、勝手なことをのべた。調子にのって」と書いておられます。

また、評論家の樋口恵子氏が「ローマは一日にしてならず」を「老婆は一日にしてならず」と詠み変えたのを「名句？　迷句」だと称え、こんな川柳の楽しみ方をしていました。

起きて見つ寝て見つ蚊帳《かや》の広さかな

これは俳人、加賀千代の句ですが、この句も外山氏にかかると、次の句のほうが名句だ、となります。

お千代さん蚊帳が広けりゃ入ろうか

この句にはユーモアがあって軽妙です。作者の名がないところもまたいいのですが、氏によると、作品にいちいち作者名をつけるのは近代の風習だそうです。

さらに『知的生活習慣』では、これらのことを踏まえて「川柳は知的」「ユーモアはアイデアである」と書き、「川柳が文芸としてすぐれているということを私に教えたのは日本人ではない」と断って、大学時代、受講していたイギリス人のブライス先生の名を挙げておられます。

ブライス先生は、今の上皇が皇太子のときの英語の先生で、「川柳が国際的にならないのはおかしい」と常におっしゃっていたそうです。

ヨーロッパの文化がユーモアやアイロニーとともに広がったことを思えば、川柳だってそのうちと思われてなりません。

いくつになってもできるのが川柳や俳句です。イギリスの教育家、ジョセフ・マーフィーは「**趣味は幸福を担う多くの副産物を生み出してくれる**」と言っています。

川柳や俳句は、とにかく頭を使います。ボケ防止にもなり、どこかに投句して自分の句が新聞や雑誌に掲載されでもしたら、これはもうますます身も心も生き生きすること間違いありません。案外長生きの秘訣《ひけつ》かもしれませんね。
さて、夏目漱石が遺した言葉はどれも味わい深いのですが、『野分《のわき》』には、人々の楽しみの重要さを面白く表現したものがあります。

趣味は
社会の油である
油なき社会は成立せぬ
汚《け》れたる油に
回転する社会は
堕落する

（夏目漱石『野分』）

一人ひとりが楽しんで生きることが健全な社会をつくっていくことにもつながっているんでしょうね。陽気に楽しんで生きる、一番大事なことだと思います。

第四部 人は言葉に気づかされ、言葉に励まされる

文豪たちのさすがの名言

「おめどご、好きだ」——藤沢周平

出色の文体、あるいは文章の名手と評されている藤沢周平氏が、何故「おめどご、好きだ」といった方言に執着したのか、著書『小説の周辺』に収められた「生きていることば」から探ってみます。

私は標準語がもつ意志伝達の機能と、洗練された響きを認めるのにやぶさかではないが、ただそれだけのことだと思うことがある。標準語は人間の生活を映さない。ことばは生活の上をすべっと通り過ぎていく。だからたとえば標準語で、「君を愛している」といっても、それはテレビからもラジオからも聞こえてくるので、ことばはコピーのように衰弱している。

しかし方言を話す若者が、押し出すように「おめどご、好きだ」（わが東北弁）といえば、まだかなりの迫力を生むだろう。方言生活ではそう簡単には使わないことばだからだ。
（藤沢周平『小説の周辺』）

言われてみれば確かに……。例えば「君のこと本当に好きなんだ」を大阪弁で言うと、「お前のことほんまに好っきゃねん」。鹿児島あたりだと、「おまんこつほなごて好きでごわす」。いや、これは西郷さんか……。

いずれにしても、方言には、その土地の歴史や風土、生活がしみ込んだにおいがあります。そのにおいは懐かしさとともに、その人本来の姿を浮かび上がらせます。方言の「迫力」ですね。

ですから、標準語の中にちらっと方言が入ったりすると、妙にその人に人間味を感じてしまうわけです。自分の本当の気持ちを吐露する時は、方言が内から湧き出てくる、これは当たり前のことなんでしょう。

知人の奥さんは京都生まれの京都育ち、しかし東京での生活が長いので、今ではすっかり標準語を話すそうですが、子どもたちのケンカが収まらない時など、「あんたら、ええかげんにしよし！」と怒鳴って、怒ると彼にも、「ほんまのこと言わへんかったら、叩くえ！」と言うそうで、叩いて、叩いて、という気持ちになる、と怒られていてもちょっと嬉しいそうです。わかりますねー。

都会を愛するとは——芥川龍之介

初めて次の文章を読んだ時は、ヘェー、あの芥川がこんなことを書くんだ、と思わず読み返しました。

> 如何《いか》に都会を愛するか？——過去の多い女を愛するように。（芥川龍之介「都会で」）

「都会」と「過去の多い女」。共通する言葉がいろいろ思い浮かぶでしょ。僕も身近な人たちに聞いてみました。

「華やかさ」「洗練」「忍耐」「手練手管《てれんてくだ》」……学生の一人は「とりあえず楽しんだらいいんじゃないんですか」と言いました。

ま、そうですよね。

それはさておき、客観的に東京を捉えたこの文章とは違って、芥川がもっと主観的に東京への思いを書いた一文があります。

彼が東京を離れた投宿先の一の宮（千葉県）から、彼女（塚本文）に宛てた手紙、ラブレターですが、あの芥川が「東京がこひしくなると云ふのは（略）東京にゐる人もこひしくなるのです」などと書いています。

芥川の恋文は読んでいてなかなか面白いですよ。気難しそうなご面相からは想像できない一面がうかがえるんですよね。

２０１７年に公開された文宛ての別のラブレターには「小鳥のやうに幸福です」な

どと書いた一文がありますが、次の言葉を読むと、ひょっとして芥川龍之介ってめちゃくちゃうぶ？　と思ってしまう女性もいるんじゃないでしょうか。

天下に我我の恋人位
無数の長所を具《そな》えた女性は
一人もいないのに
相違ない

（芥川龍之介『侏儒の言葉』）

この言葉だけが一人歩きをしているので誤解されても仕方ないのですが、これは彼の『侏儒の言葉』の一節で、人間の自己欺瞞《ぎまん》、つまり自分へのごまかしについて思索をめぐらせた話の一部分なんです。

「我我の自己欺瞞は一たび恋愛に陥ったが最後、最も完全に行われるのである」と書いて、理性を失わせ恋人のすべてが素晴らしく思えてしまう状態を言い表したものなんですね。

恋愛はチャンスではない、意志だ――太宰治

先人の言葉は著書の一部分を抜粋したものも多いので、前後を知らないと違った解釈をしてしまうことがあるんですね。

例えば、太宰《だざい》治の「人生はチャンスだ。結婚もチャンスだ」という言葉はいろいろな場所で引用されていますが、これは『ヴィヨンの妻・桜桃』に収められた「チャンス」の言葉で、本文はこうです。

> 人生はチャンスだ。結婚もチャンスだ。恋愛もチャンスだ。としたり顔して教える苦労人が多いけれども、私は、そうでないと思う。私は別段、れいの唯物論的弁証法にこびるわけではないが、少なくとも恋愛は、チャンスでないと思う。私はそれを、意志だと思う。
>
> （太宰治「チャンス」）

否定している言葉を肯定しているように伝えられるのは、作者としては不本意極まりないと思いますが、こういう例は別にして、気に入った言葉があって、その解釈が作者の伝えようとすることと多少違っていても、自分の心をつかんだ大切な言葉に思えたのなら、それはそれで意味のあることだと僕は思います。

さて、芥川龍之介が「世の中と女」と題して、男女の不平等について面白いことを書いていますので、紹介しておきます。

今の世の中は、男の作つた制度や習慣が支配してゐるから、男女に依つては非常に不公平な点がある。その不公平を矯正《けうせい》する為には、女自身が世の中の仕事に関与《くわんよ》しなければならぬ。唯、不公平と云ふ意味は、必ずしも、男だけが得《とく》をしてゐると云ふ意味ではない。いや、どうかすると、私《わたし》には女の方が得をしてゐる場合が多いやうに見える。たとへば相撲《すまふ》である。我々は、女の裸体《らたい》は滅《めつ》

> 多に見られないけれども、女は、相撲を見にゆきさへすれば、何時《いつ》でも逞《たくま》しい男の裸体を見ることが出来る。これは女が得をして男が損をしている場合であると思ふ。
>
> （芥川龍之介「世の中と女」）

芥川龍之介の言葉は、ウイットと逆接表現に富んだものや、うがちに独特のユーモアを織り交ぜたものも多々ありますので、抜粋してみても面白いですよ。気に入った作家の随筆の中から、心がつかまれた言葉を抜き出して、自分のための名言集を作るという趣向もいいかもしれませんね。

女は嘘をつく――ラルース

今も昔も男たちはかなり女性を皮相的に捉えがちだったようで、19世紀のフランスの文法学者、ラルースの『世界ことわざ名言辞典』は、女性への辛らつな批評を多々掲げています。こんなぐあいです。

醜い女を
映し出した鏡はない

涙はたいていの場合
心からより
目から流れ出る

貞節な女とは
言い寄られたことのない女だ

ライオンには鋭い歯と爪
そして自然は女に

嘘をつく能力を与えている　（ラルース）

今までに、僕はこれをたくさんの女性に聞かせて、その反応を書き留めてきましたが、全員に共通する点があります。何だと思いますか？

爆笑、これなんですよ。嫌な顔をした女性は一人もいませんでした。さすがです。

女は怖い――吉行淳之介

名だたる作家の女性観はどうなんでしょうか。
吉行淳之介氏には、こんなタイトルの本があります。
『春夏秋冬　女は怖い　なんにもわるいことしないのに』（光文社）
どうですか。これだけで吉行氏の女性観を垣間見ることができますよね。
ところで、吉行氏と向田邦子さんの甘栗をめぐる話はご存じでしょうか。
そもそもは向田さんが手がけた『隣りの女』というテレビ番組で、街角で男が女の口に甘栗を五、六粒押し込むシーンがあるのですが、吉行氏はこう書いています。

「向田邦子は、男女の機微にやや疎《うと》いな、とおもった」

氏にすれば、甘栗は一粒でいい。その一粒がじわじわと女の芯に届いてゆく。男のいくぶん行儀の悪い、無造作な態度の奥の優しさを、女は唇を軽く開いて受け入れる。ここにエロチックな空間ができる——というわけです。

ああ、それなのに、それなのに、ドラマの女の人は口が甘栗で満杯になり、むせていたそうです。

ここは甘栗は一粒でしょう、と考えるところが吉行氏なんですよね。

吉行作品の女性については、とりわけ女性の側からさまざまな声がありましたが、一つひとつの作品から得られる彼の女性観は、なるほどなあと思うことも多く、僕は愛読してきました。

男女の機微はともかく、愛について三島由紀夫氏はこのように言っています。

愛するということにかけては
女性こそ専門家で
男性は
永遠の素人である

（三島由紀夫「愛するといふこと」）

イギリスの作家、オスカー・ワイルドは『ドリアン・グレーの肖像』で、**「女は男に欠点があるからこそ愛するのだ」**と書き、フランスの小説家、アンドレ・モロアは**「全ての偉大な恋愛のうちには母性愛がある。真の女らしい女たちが男の力を愛するのは、男の弱さを知っているからだ」**と言っています。

女性の愛の深さに、男はやはりかなわないと思わせられる言葉ですね。三島由紀夫氏が女性こそ専門家という意味がよくわかりますが、ドイツの劇作家、グラッベの次の言葉でより納得できるのではないかと思います。

女は深く見
男は遠くを見る
男にとって
世界が心臓
女にとっては
心臓が世界である

（グラッベ）

女性の愛の深さについてはよくわかりますが、ただ一方で、母性愛に対する父性愛はどうなんでしょうか。
例えば、進学や就職で実家を離れ旅立って行く息子に、こまごました準備を手伝い、駅での見送りの際には、「着いたら電話しなさいよ」「忘れ物ない？」「風邪ひかないようにね」とあれこれ言うのがお母さん。

息子が「じゃ、行くね」と改札口に向かおうとした時、自動販売機で買った缶コーヒーを差し出して、「がんばれよ」と一言言うのがお父さん。お母さんには申し訳ないですが、この場合、子どもの心に届くのは、缶コーヒーの温かさのほうなんですよね。それに、五感に訴えかけられた思い出というのは深く心に残るものです。

どうですか、男の愛もなかなか捨てがたいでしょう。

しかし今、離婚家庭が増えていて、母性愛、父性愛のどちらかが欠けてしまっているケースが多いわけです。しかし僕は思うのです。お母さんは父性愛を、お父さんは母性愛を学べばいいのではないかと。

もともと人間は、母性愛も父性愛も両方持ち合わせていて、男性女性の別で一方が強く出ているような気もします。だとしたら、意識してうまく使い分けることも可能なのではないでしょうか。いずれにしても、母性愛と父性愛、この両方を子どもには与えてやりたいと強く思いますね。

結局は言葉である——寺田寅彦

今、みなさんと僕はこの本を通して言葉でつながっています。寺田寅彦は「科学と文学」と題してこう言っています。

> 科学というものの内容も
> よく考えてみると
> やはり結局は
> 「言葉」である
>
> （寺田寅彦「科学と文学」）

「文字で書き現わされていて、だれでもが読めるようになったものでなければ、それはやはり科学ではない。ある学者が記録し発表せずに終わった大発見というような実証のないものは新聞記事にはなっても科学界にとっては存在がないのと同等である」と書いて、科学は言葉によって科学たることを説明しています。

どんな言葉を用いるのか、どの言葉を使えば伝わるのか。確かに、様々なつながりは言葉が重要な役割を果たします。人を活かすも殺すも言葉次第、とは昔からよく言われています。

ドイツの詩人、ハイネはこのように言います。

ことば
これによって死者を墓から呼び出し
生者を埋めることもできる
ことば
これによって小人を巨人に仕上げ
巨人を徹底的に
叩きつぶすこともできる

（ハイネ）

言葉がどれほどの力を持っているかを感じさせる言葉ですね。

心理学者の諸富祥彦氏は、若い頃、どん底の気分でふらふらと電車に飛び込みそうになった時、言葉の力で命拾いしたと、一歩下がって自分を眺める〝脱同一化〟という手法を紹介していました。

大きな声を出してこのように言うのです。

「私はここ、死にたい気持ちはそこ」

（諸富祥彦『悩みぬく意味』）

この言葉を心は受け止め、行動を抑制することができるわけです。

『寺田寅彦随筆集』の「俳句の精神」に、この言葉を裏打ちするような記述がありますので紹介しておきます。

和歌のほうにはどうしても象徴的であるよりもより多く直接法な主観的情緒

の表現が鮮明に濃厚に露出しているものが多いことは否定し難い事実である。そうした短歌の中の主観の主はすなわち作者自身であって、作者はその作の中にその全人格を没入した観があるのが普通である。しかし俳句が短歌とちがうと思われる点は、(略)花鳥風月と合体した作者自身をもう一段高い地位に立った第二の自分が客観し認識しているようなところがある。

(略)

この事と連関してちょっとおもしろい話がある。私の知っているある歌人の話ではその知人の歌人中で自殺した人の数がかなり大きな百分率を示している。俳人のほうを聞いてみると自殺者はきわめてまれだという。もちろんこれは僅《きん》少《しょう》な材料についての統計であるから、一般に適用される事かどうかはわからないが、上述のごとき和歌と俳句との自己に対する関係の相違を考え合わしてみるとおもしろい事実であろうかと思われる。いかなる悲痛な境遇でもそれを客観した瞬間にはもはや自分の悲しみではない。

（寺田寅彦「俳句の精神」）

第三者の目で自分を観るというのはとても重要なことなんですね。
ある人から、沸点が低くすぐキレてしまうと相談を受けた際に、「怒っている私はそこ、私はここ」と脱同一化をすすめたところ、胸に握りこぶしでドンとやって、「私はここ」と静かにゆっくり言ってみるとうまくいった、と喜んでいました。一度試してみてください。

笑う人間には福来たる

怒りもユーモアには勝てぬ

さて、ここでみなさんにお考えいただきましょう。次に紹介するのは、拙著『大丈夫、なんとかなるさ』（毎日新聞社）で紹介した哲学者の土屋賢二氏の言葉です。

> 人間、自分の力でいかんともしがたいことはいっぱいありますよ。年は取りたいと思わなくても取るし、死にたくなくてもいつか死ぬ。どう頑張ったって無理なことはあるんですよ。こうしたことに対して、人間が何をできるかといえば、最終的には、（　　　）しかない。（土屋賢二）

土屋氏は最終的にはどうするしかないと言っているのでしょうか。

答は、笑い飛ばすしかない、です。あきらめるしかないとか、祈るしかないよりずっとパワフルで、笑うしかないより、笑い飛ばすしかないのほうが、笑いで吹き飛ばせー！　と前に進んで行く力があるように思われます。

アランも『幸福論』にこのように書いています。

> 人ごみでちょっと押されたときは、笑い飛ばすことにしよう。笑うことで押し合いもやむはずだ。なぜなら、ちょっとかっとなってしまった自分に、誰もが恥ずかしくなるからだ。
>
> （アラン『幸福論』）

怒りも笑いの前には矛《ほこ》を収める、ということですね。

『トム・ソーヤーの冒険』で知られるアメリカの作家、マーク・トウェインは『不思議な少年』にこう書いています。

笑いによる攻撃に
立ち向かえるものは
なんにもない
（マーク・トウェイン）

笑うことは、世界中の人々とも通じ合える、言葉を超えた力を持つ唯一のものかもしれません。フランスの作家、ラブレーは言います。

笑いは
人類の財産である
（ラブレー）

フランスのモラリスト、シャンフォールはこう言っています。

人生において

笑うことなくすごした日があれば
それは最も
無為にすごした日であることは疑いない
（シャンフォール）

笑うことは毎日の生活の中で、基本中の基本だよ、と言われている気がします。禅語に「日々《ひび》是好日《これこうじつ》」という言葉があります。
解釈はそれぞれで、大安、仏滅といった良い日、悪い日など本当はなく、どんな日も素晴らしい日であるとか、日々起こってくる様々な出来事に惑わされず生きれば、毎日が幸せである、といったことのようですが、いずれにしても「日々是好日」は、笑顔、笑いが全体を覆《おお》っているように思えて、明るい気持ちになれる言葉ですね。

表情で感情を変える

名言と呼ばれる中にもユニークなものがあり、愉快な気分にさせてくれます。

フランスの詩人、ジャン・コクトーの言葉だったと思いますが、**「神童とは、非常に想像力豊かな親を持った子どものことだ」**。これなど、うちの子、ひょっとして天才かも、とよちよち歩きの子どもに期待しているお母さんが聞いたら、どんな顔をするんでしょうね。

トルストイの**「人は秘密を友に話すが、その友にも友がいる」**も笑えますよね。秘密を秘密だと思っているのは本人だけで、全く知らない大勢の人までが知るところとなるのだぞ、というわけです。

二つともユニークなひねりの利《き》いた言葉ですね。

さて、次にアランのよく耳にする言葉を紹介しましょう。

幸せだから笑うのではない
笑っているから
幸せなのだ

（アラン『幸福論』）

ちなみに、このよく知られた言葉もくわしくはこういうことです。

> 赤ん坊がはじめて笑うとき、その笑いはなにかを表現しているわけではない。幸せだから笑うのではない。わたしに言わせれば反対で、笑っているから幸せなのだ。食べて楽しむのと同じように、笑って楽しんでいるのである。
>
> （アラン『幸福論』）

幸せは、まず笑うことから始めればいいというわけですね。精神科医で随筆家の斎藤茂太《しげた》氏は**「感情で表情が変わる人より、表情で感情を変える人のほうが賢い」**と言っていました。

いずれにしても、笑いが心身のためによく、幸福をもたらすであろうことに疑いの余地はありませんから、ここは何としても恵比須《えびす》顔でいるしかありませんね。

東京大学の原島博名誉教授が「いい顔になるための顔訓13か条」を提唱していますので、その中から心に留め置きたい言葉を紹介します。

眉間《みけん》にシワを寄せると、胃にも同じシワができる
目と目の間を広げよう。そうすれば人生の視界も広がる
楽しい顔をしていると、心も楽しくなる。人生も楽しくなる
（原島博「いい顔になるための顔訓13か条」）

マイナスからプラスを見出す力

永井荷風《かふう》はこのように言っています。

人間は

楽しみ笑う為に出来ているもので
其《それ》が人間の
正当な権利だ
（永井荷風「冷笑」）

楽しみ笑う為に出来ている、そして権利とまで言われたら、やっぱりこれは笑うが勝ち、どうしようもないことは、笑い飛ばすのが一番のように思ってしまいますね。それに考え方一つでプラスもマイナスに、マイナスもプラスに転じさせることが人間にはできるのですから。

寺田寅彦は「KからQまで」と題する随筆でこんなことも言っています。

健康な人には
病気になる心配があるが

病人には
恢復《かいふく》するという
楽しみがある

（寺田寅彦「KからQまで」）

このあとはこう続いています。

瀕死《ひんし》を自覚した病人が
万一なおったらという楽しみほど
深刻な強烈な楽しみが
この世にまたとあろうとは思われない

（寺田寅彦「KからQまで」）

僕はこの言葉に、マイナスに思える事実の中にも大きなプラスが存在しているということに改めて気づかされました。マイナスの中にプラスを発見すれば、気持ちを明るい方向へ切り替えることができるので、これは是非実践したいですよね。

古代ローマの政治家で文人でもあった大カトーは、老いると快楽が奪われるというマイナスの見方に対してこう反論しています。

> 老年にとって、いわば肉欲や野望や争いや敵意やあらゆる欲望への服役期間が満了して、心が自足している、いわゆる心が自分自身と共に生きる、というのは何と価値あることか。まことに、研究や学問という糧のようなものが幾らかでもあれば、暇のある老年ほど喜ばしいものはないのだ。
>
> （キケロ『大カトー・老年について』）

死についてはこうです。

死というものは、もし魂をすっかり消滅させるものならば無視してよいし、魂が永遠にあり続ける所へと導いてくれるものならば、待ち望みさえすべきだ。第三の道は見つけようがないのだ。
（キケロ『大カトー・老年について』）

マイナスの中のプラスの発見は、現状をじたばたせずに受け入れるところから生まれているようですね。

目覚めが楽しみになる幸せ

現実を受け入れることができる人は幸せ、受け入れられない人は不幸、という言葉を聞いたことがありますが、受け入れることができる現実ならば、必ずプラスを見つけることができるはずで、ひいてはそれが幸福感にもつながっていくのでしょう。

日本人は

「絶望」を知らない絶望するまえに諦観《ていかん》に入ってしまう

（山本周五郎「断片」）

山本周五郎の言葉ですが、日本人は絶望する前に、事の本質をはっきり見極めようとする気質だ、と言っているわけですが、僕は最初この言葉にであった時、日本人は絶望するまえに「諦観」ではなく、「諦念に入ってしまう」と読み間違えていました。諦念はあきらめの気持ちですね。

昔から地震や数々の災害に見舞われてきた日本人は、現実を目の当《ま》たりにして立ち尽くしますが、仕方がないとあきらめ瓦礫《がれき》を拾い、前を向いてきました。絶望ではなく、あきらめというところが日本人らしいと思ったわけです。

いずれにしても、日本人が「諦観」も「諦念」も持ち合わせているとするなら、マイナスの現実を受け入れ、その中にプラスを見つけることは案外得意なのではないでしょうか。
カール・ヒルティの言葉です。

床につくときに
翌朝起きることを
楽しみにしている人は
幸福である
（カール・ヒルティ）

そうですよね。ああ、明日が早く来ないかなあと楽しみに思うというのは、たとえ持続的な心配事があったとしても、きっとその時、その人は幸福の中にいるのだろうと感じさせる言葉ですね。
この言葉を裏打ちするように、川端康成氏は不幸せについてこんなことを書いています。

ほんとうのふしあわせは
夜よりも朝が
悲しいものだそうですわ

（川端康成「化粧と口笛」）

関西に住む知り合いから、以前おばあちゃんの話を聞かせてもらったのを思い出しましたので紹介します。

おばあちゃんは体の自由が利かなくなり、介護施設に入りました。面会に行くと眠っていることも多かったようですが、日曜日のある朝行ってみると、おばあちゃんは彼の気配で目を覚まし、「今、何時や？」とか細い声で聞きました。

「9時やで」

「朝か？」

「朝の9時」

するとおばあちゃんは目を閉じて、ため息まじりに言ったそうです。

「まだそんな時間か……長いなぁ……」

動くこともできず、一日ベッドで過ごすおばあちゃんの時間を思う時、始まりの朝は本当につらかったのだろうと想像します。

朝、起きるのがつらい時など、このおばあちゃんの言葉は、さあ、今やるべきことをやるか、と僕を布団から出してくれます。

人間は死ぬ瞬間まで人のお役に立っているんです、と随分前に参列した法事でお寺のご住職がおっしゃっていましたが、言葉は、その人が死んだあとでも人のお役に立つんですね。

人生の深みを増す感謝

ひとたび口から出た言葉は消せない

時は過ぎ去るけれども
ひとたび発せられた言葉は
永久に後に残る

（トルストイ）

それにしても古今東西、洋の東西を問わず、何世紀も前に生きた人の言葉が、今の私たちに何の古さも感じさせずに納得させてくれますよね。

例えば**「妻にとって夫が大事なのは、夫が留守の時だけである」**という言葉は、ニュアンスは違えども、〝亭主元気で留守がいい〟を思い出させる言葉ですが、これ、誰が言ったと思います？　かのドストエフスキーです。

察するに人間は、大脳前頭葉が発達した頃からあまり変わっていないんでしょうね。人間らしさに関わる複雑な心境、例えば相手の気持ちをおもんぱかったり、裏の気持ちを想像することができるようになれば、人間社会で起こる様々な出来事に対する人間の反応は大差ないということなんでしょう。

それにしても名言にはハッとさせられるものも多く、なるほどなぁとか、わかるなぁと言いながら、僕は書き留めたりするのですが、みなさんもこういう時、小さな喜びを感じてちょっと楽しい気持ちになりませんか。

これは脳が喜んでいるからにほかならず、ハッと気づいたり、なるほどと思ったりするのは脳が刺激されているからなのでしょう。

脳を喜ばせる習慣

驚くうちは
楽しみがある
（夏目漱石『虞美人草《ぐびじんそう》』）

これは夏目漱石の『虞美人草』に出てくる言葉です。
ともかく、好ましい驚きには脳から好ましい物質がバンバン出てきますので、気分は上々になるわけですね。

机に向かって仕事をしていてはかどらない時は、脳が退屈している、脳を喜ばせなければ、と思うようにしています。外に出たり、ワッハッハと笑えるビデオを見ながら体操したり。

すると不思議なことに、ふと必要なことが頭に思い浮かぶことがあるのです。脳は一部分だけを使っていると他の部分が衰えてゆく、と聞きますので、相互作用のようなものが働いてうまくいくのかもしれないですね。

ではここで、みなさんの脳にも刺激を与えましょう。

すぐに古びてしまうものは何か、と問われて、アリストテレスは何だと答えたでしょう。

僕がリサーチした答えは、「女房」「流行」「若者言葉」が多く、中には「靴下」「パソコン」――アリストテレスが言いますか？　答えは、「感謝」。のど元過ぎれば熱さ忘れると言いますからね。

日本の野球界では野村克也氏がこんな言葉を遺しています。（　　）に入る言葉は何でしょう。

若いとき流さなかった汗は

年老いて
（　　）に変わる

（野村克也『野村の極意』）

この質問をすると、若い子は必ず「加齢臭」と言って爆笑するんですよね。ノムさん、あの世で「もっと頭使え！」と怒鳴っていますよ。

答えは「涙」です。

アメリカの成功哲学者、マーデンの言葉です。（　　）には同じ言葉が入ります。何だと思いますか？

弱い人間は（　　）を待ち
強い人間は（　　）をつくる

（マーデン）

答えは「チャンス」です。
彼が言う強い人間、弱い人間というのは、行動力のあるなしを言っているのだと思いますね。

幸福より不幸から学ぶ

次はルソーの言葉です。（　　　）の中を考えてください。

わたしたちは
いわば、二回この世に生まれる
一回目は存在するために
二回目は（　　　）ために

（ルソー）

答えは「生きる」です。

プラトンは、「一番大切なことは単に生きることではなく、善く生きることだ」と言っています。とすると、三回目があるとすれば、「善く生きるために」となるんでしょうか。

リンカーンは言いました。

（　）歳を過ぎたら
人間は
自分の顔に
責任を持たなければならない
（リンカーン）

答えは「40」です。確かに40歳くらいから、いかに生きているかが顔に出てくるように思えます。

次はアインシュタインがユニークなことを言っていますので、（　　　）には何が入るか考えてください。彼は物理学者だというのがヒントです。

恋に落ちるのに
（　　）は関係ない
（アインシュタイン）

答えは「重力」です。
ちなみに僕の友人たちは、「妻」「夫」「年」などと好き勝手なことを言って楽しんでいました。
最後はフランスの作家、アルベール・カミュの言葉です。（　）の中を考えてください。

生きることへの
絶望なくして
生きることへの
（　）はない

（アルベール・カミュ「裏と表」）

答えは「愛」です。

自分の人生を、かけがえのない愛《いと》おしいものだと感じて生きている人は少ないと思います。生きることに絶望して死に直面した人が何かに気づいて、再び生きようとしたとき、自分の人生を心から愛おしく大事に思うのでしょうね。

やはり人間は幸福からより、不幸から学ぶものが多いようです。

名言、名句の多くは、先人たちが自身の体験や見聞きした事物、出来事をよく見極め、一番心に届くであろう言葉を選び抜いて表出したものです。それは転ばぬ先の杖《つえ》、もしくは今生きている人間が、少しでもより良く生きれたら、と遺してくれたものではないでしょうか。

もしあなたが、なるほど、そうだなと思う言葉と出会ったなら、それは先人からあなたへのプレゼントです。受け取って是非あなたの人生の役に立ててください。

みなさん、おつきあいいただき、ありがとうございました。

おわりに

人間の体は嘘をつかないと言います。そして言葉は体から出ています。息を吞む、息を殺す、息をつくなどは、そのまま生命に直結する言葉ですね。

「お腹《なか》」についても、腹に据えかねる、腹の皮がよじれる、背に腹は代えられぬ、といろいろありますが、言い得て妙だと思うのは、「喉から手が出る」という言葉です。

言葉というのはそもそも何で出来たのか。もともとヒトは森の奥に棲《す》んでいました。ですから音にはとても敏感だったと思います。鳥や獣《けもの》は鳴き声で仲間同士のコミュニケーションを取っていますが、ヒトも初めは音声で会話をしていたのではないか、というのが有力な説です。その音声がまず形容語句を作っていったのだろうと。

赤ちゃんのブウブウとかマムマムなどの擬音語や音声語を聞いていると、言葉は耳から入ってくる音と大いに関わっていることがわかります。かつその言葉がどこから発せられるかというと、口ですね。口から声が出てくる。ここが大事なんです。

つまり、人間は体内に取り込んだいろいろな思いを口から出しています。口は人間の臓器の入り口であり、言葉を発する出口でもあるわけです。こういう循環の中で人間が言葉を養ってきました。


詩人の谷川俊太郎さんは、辞書に載っている言葉を意識せずに、臍下《へそした》三寸、丹田《たんでん》あたりから言葉が上がってくるのを待つそうです。体を通して出てきた言葉、それは辞書が定義した言葉ではなく、肉体が反応した言葉です。空腹を感じれば、お腹がすいたと言いますし、頭痛がすれば、頭がキリキリ痛むとかズキズキすると言いますよね。肉体の反応と言葉の真実は同じ世界に共存しているわけです。

「平和」という言葉を手元の辞書で引いてみると、戦争や社会的混乱などがなく、社会の秩序がなごやかでおだやかに保たれていること、とあります。では、そんな「平和」を一度自分の心の中で、そして体全体で感じてみるとどうでしょうか。自分の体を通して出てくる言葉は、辞書に書かれている通りでは決してないはずです。一人ひとりの自分の言葉があるはずなんです。

井上ひさしさんが、平和という言葉がだんだん使い古されて、つるんとしたひっかかりのない言葉になってしまったと嘆いて、平和をこんな言葉に言い換えました。

「普通の人々の暮らしが穏やかに続く。少しでもより良く続く」

井上氏にとって平和は、人々の穏やかな常日頃を願う言葉でもあるわけです。

鳥取市内でガン末期の患者を対象にホスピス医を営む徳川進さんの「ヒグラシが鳴くころ」というエッセイに、72歳でガン末期の女性の話が出てきます。

家で死を迎えたいという本人の希望で、ご主人が車で家に連れて帰ってきますが、セミしぐれが聞こえる部屋の畳に奥さんは横になり、「ああ、家はええなあ」と畳を触って、「ひんやりしてええなあ」と言います。

家族とともに何気なく過ごしてきた日常を奥さんは体で感じ取って、思わず口にした言葉だったのでしょう。これが常日頃の言葉の真実です。常日頃、人を思いやる言葉が交わされ、等しく平穏な毎日が続くことを願ってやみません。

黒澤明監督の映画に「夢」という名作があります。「世界は一つ、地球は一つ」を大きなテーマに据えて、監督は**「人類悲願の世界平和がついにやって来たという夢を人間は見なければいけない」**と話していました。しかし現実は全く反対方向に歩を進め、「戦争の時代」がやって来たと言われています。

ならば今、私たちが一番大事にしなければならない言葉はきっとこれです。

「世界は一つ、地球は一つ」

最後になりましたが、本書の出版に際しては、編集者の木田明理さんには何かとお世話になりました。深くお礼を申し上げます。

さよなら、私の師匠
——桜木紫乃

生粋の「イラチ」。

せっかちな近藤勝重師匠が、えらく急ぎ足であの世へ行ってしまった。珍しく電話の折り返しがないなあと思っていた矢先、五月九日の夕方にサンデー毎日の担当から「入院している」という報《しら》せが。こちらは翌日から大阪入り。次の連載の準備だった。

誰もが、元気になって退院してくることを信じて疑わなかった十一日、宿泊先の天王寺界隈《かいわい》をぶらつきながら、ふらりと「オーエス劇場」の椅子に座ったところに、再び担当から連絡あり。

「近藤さんが、昨日の夕刻に——」

目の前で繰り広げられる人情芝居と、たったひとり師匠と呼ぶひとの訃報。まばらな客席に起こる笑い、演技で泣くひと、笑うひと。すべてがちぐはぐで、すべてに実感がなかった。

次の週刊誌連載は、師匠の助けをなくしては書けない長編。もう何年も前から、電話で話すたびに「桜木さん、アレの連載はまだなんか」「いま書いてるやつの、次の次です」「まだなんか」「もうちょっとお待ちを」「はよせんと、こっちがおらんようになってしまうなあ」「いやいや師匠、それはルール違反です（何のだ？）」。

幾度かお年を訊《たず》ねたことがあったが、そのたびに（いま思えば）はぐらかされ続けてきたのだった。毎日新聞の大阪社会部から追悼コメントを求められた際、年齢を知らなかったことを伝えたら驚かれた。いや、呆《あき》れられた。

七十九？　いやいや、十歳くらいサバよんでませんでしたか。

十年と少しのあいだ――ラジオのゲストに呼んでいただいて、お互いに好きなストリップの話で盛り上がったこともあるし、ご飯をごちそうになったり、早稲田大学界隈を散歩したり、新刊が出るたびに「よう書けとるわ」と褒《ほ》めてもらったり、文庫の解説をお願いしたり。

ＭＢＳラジオ「しあわせの五・七・五」では、下手な川柳を披露して絶句させたこともある。お互いに好き勝手言い合い、ときには三時間に及ぶ長電話もした。長い電話ほどなにを話したのか覚えていないのだが、よく響くいい声を聞いているのが毎度心地良かった。

「川柳はええで、人生が楽しゅうなる」

そそのかされて、『サンデー毎日』の「ラブＹＯＵ川柳」に投稿したことも。

時はコロナ禍、誰とも会えない日々が続いていた頃のこと。電話で師匠がぽつりとぼやいたひとことを五七五にして送ってみた。

うつされず　うつすことなき　独りもの――

我ながらなかなか、と思っていたところにすぐ師匠から電話が入った。

「ええなあ、ええ句や。あんたセンスあるわ」「そうですか、今度こそ図書カードもらえますか」「それとこれとは別や」

なんでやねん──。

「桜木さん、ちょっと歌ってええか」で、アカペラの一曲を聞いたこともある。昭和歌謡が大好きで著作もあり、歌には相当の自信と聞いてはいたが、真っ昼間の電話、しらふで聞くアカペラはきつい。「どうぞ」のあと、高らかに歌い上げる師匠。サビの熱唱、「おみごと」を言いかけたところへの2番。「2番も歌うんかい」というツッコミを飲み込み、結局フルコーラス聞いた。タイトルを忘れるくらいの衝撃だった。

会話のほとんどは、よしもと漫才や故高倉健さんとの交流、思い出話、若い頃どんだけモテたか、といった楽しいものだったのだが、毎日新聞大阪社会部時代の話になったときはひとときき声が鋭くなった。

前社屋から歩いて一分の、北新地のバーで電話を待っているときのひりつくような仕事風景を、優れた書き手だった師匠は自身の言葉で語りつつ、私に空間を見せる。

バーの止まり木で一杯やりながら、朝刊で抜く記事を睨《にら》んでいる姿は、「スター記者」そのものだったろう。

凶悪事件を担当した際は、犯人についての安易な表現を徹底的に排した。「うちは一切、異常者という表現はしない」。事件そのものを見つめるとき、そこには「人間」がいる。どんな事件も「人間」が起こし、背景には「社会」がある。

その事件は一冊にまとめられ、のちに映画化された。

世に優れたジャーナリストはたくさんいるのだろうが、私にも分かる言葉で「人間が人間であるゆえのかなしさ」を教えてくれたのは、ジャーナリスト近藤勝重だった。

ここ数年「そろそろ大阪に帰ろうかと思う。帰りたいなあ」という言葉を何度か聞いた。

元毎日放送アナウンサーの水野（晶子）さんに「東京行きたくないねん、どないしよう」と泣きついてから二十年。師匠にとって、やはり東京は仮住まいだった。この原稿を書く数時間前、その水野さんと会って「噂供養」をしてきたのだが、大阪のひとに「帰りたい」とはいっぺんも言わなかったらしい。「帰りたい」のひとことは、そのまま水野さんの涙に変わった。

いま手元に、本の厚さが変わるくらい付箋《ふせん》の付いた拙著がある。この本が出たとき、ふたりで浦安の本屋さんに行き、平置きになっているのを見つけて一緒に喜んだのを覚えている。

不本意にも戻ってきた一冊を開けば、赤ペンでたくさん線が引かれてあった。師匠をうならせた一行があったなら弟子も本望だ。

愛用の携帯電話もときどき声がまだらに聞こえるようになり、バッテリーが一時間もたなくなった。頼むから新しいのに替えてくれと頼んだが、なかなか首を縦には振らない。

「震災のときなあ、この携帯のお陰でテレビが見られてなあ。どんだけ支えてもらったかを思い出すと、手放しがたくてなあ」

東京で苦楽をともにした携帯電話がその寿命を終えた二カ月後、師匠も長い旅に出た。

師匠、新刊のゲラどうするんですか。このあいだ言ってた七月発売の本、みんな困ってますよ。

電話ください――。

――作家

初出：『サンデー毎日』2024年6月2日号（毎日新聞出版）

著者略歴

近藤勝重《こんどうかつしげ》

早稲田大学政治経済学部卒業後の一九六九年、毎日新聞社に入社。論説委員、『サンデー毎日』編集長、夕刊編集長、専門編集委員、毎日新聞客員編集委員などを歴任。『毎日新聞』（大阪）の人気企画「近藤流健康川柳」や『サンデー毎日』の「ラブYOU川柳」の選者を務めた。ベストセラー『書くことが思いつかない人のための文章教室』、『必ず書ける「3つが基本」の文章術』（ともに幻冬舎新書）など著書多数。長年MBS、TBSラジオの情報番組に出演する一方、早稲田大学大学院政治学研究科のジャーナリズムコースで「文章表現」を担当し、故・高倉健氏も聴講した。二〇二四年五月一〇日逝去。

幻冬舎新書 735

人間通の名言

唸る、励まされる、涙する

二〇二四年七月三十日 第一刷発行

著者 近藤勝重
発行人 見城 徹
編集人 小木田順子
編集者 宮崎貴明 福島広司
発行所 株式会社 幻冬舎
〒一五一―〇〇五一 東京都渋谷区千駄ヶ谷四―九―七
電話 〇三―五四一一―六二一一(編集)
〇三―五四一一―六二二二(営業)
公式HP https://www.gentosha.co.jp/
ブックデザイン 鈴木成一デザイン室
印刷・製本所 株式会社 光邦

JASRAC 出 240455-401

検印廃止

Printed in Japan ISBN978-4-344-98737-1 C0295
こ-8-5

*この本に関するご意見・ご感想は、左記アンケートフォームからお寄せください。
https://www.gentosha.co.jp/e/

幻冬舎新書

加藤諦三
他人と比較しないだけで幸せになれる
定年後をどう生きるか

定年後が不安な人は多いが、実は他人との競争や自己否定から解放される好機だ。自分や他人を認めて人間的に成長することが幸せの第一歩となる。高齢期を実り豊かな時代としたい人の必読書。

樋口裕一
凡人のためのあっぱれな最期
古今東西に学ぶ死の教養

61歳の妻が癌で逝った。人格者でもなかった妻が、嘆かず恨まず泰然と最期を迎えられたのはなぜか。その人生を振り返りながら古今東西の文学・哲学を渉猟し、よく死ぬための生き方を問う。

片岡鶴太郎
老いては「好き」にしたがえ！

役者以外に、絵画、ヨガの世界でも活躍する著者は、還暦を機に離婚。現在は自分のやりたい好きなことだけに情熱を注ぎ、日々を愉しむ。「老い楽」を目指す人必見の人生後半からの生き方本。

和田秀樹
ぼけの壁

老後の幸せを左右するのは「ぼけ＝脳の老化」。でも恐れる必要はない。認知症と老人性うつのメカニズムを正しく知れば、ぼけが始まっても脳は簡単には衰えない。老年医学の第一人者による健脳の処方箋。